SOMOS LA ÚLTIMA GENERACIÓN QUE PUEDE SALVAR EL PLANETA

M

C. Ayuso   C. Isla   P. Ramos   M. Rosquillas

Edición y prólogo de Carlota Bruna

SOMOS LA ÚLTIMA GENERACIÓN QUE PUEDE SALVAR EL PLANETA

Ilustraciones de Mariana Matija

montena

Papel certificado por el Forest Stewardship Council®

Primera edición: marzo de 2020

© 2020, Carlota Bruna, por la edición y el prólogo
© 2020, Claudia Ayuso, Connie Isla, Patricia Ramos, Monica Rosquillas, por los textos
© 2020, Penguin Random House Grupo Editorial, S. A. U.
Travessera de Gràcia, 47-49. 08021 Barcelona
© 2020, Mariana Matija, por las ilustraciones

Printed in Spain – Impreso en España

ISBN: 978-84-17922-84-9
Depósito legal: B-1.558-2020

Compuesto en Comptex&Ass., S. L.

Impreso en Gómez Aparicio, S. A.
Casarrubuelos (Madrid)

GT 2 2 8 4 9

Penguin
Random House
Grupo Editorial

ÍNDICE

1

CARLOTA BRUNA
PRÓLOGO

Antes de que empieces el viaje de leer este libro, quiero recordarte algo importante:

[
SOMOS LA ÚLTIMA GENERACIÓN
QUE PUEDE SALVAR EL MUNDO.
SOMOS LA GENERACIÓN
A LA QUE LAS FUTURAS GENERACIONES
MIRARÁN Y DIRÁN:
«Y TÚ, ¿QUÉ HICISTE?».
]

Me di cuenta de esto cuando el científico Johan Rockström, entre otros, dijo que tenemos dos años para revertir el crecimiento de las emisiones de gases de efecto invernadero si queremos cumplir el acuerdo de París[1].

Descubrir estos otros datos que comparto a continuación también me ayudó a darme cuenta de que somos la última generación que puede salvar el mundo:

➡️ Cada día se extinguen 200 especies de animales y vegetales. En los últimos 40 años hemos perdido más de la mitad de las especies animales.

➡️ La ONU prevé 200 millones de refugiados climáticos para el año 2100.

1. El Acuerdo de París fue la resolución de una conferencia que se celebró en la capital francesa en diciembre de 2015 en la que 195 países firmaron el primer acuerdo vinculante mundial sobre el clima. Se estableció un plan de acción mundial para mantener la temperatura de la Tierra muy por debajo de los 2 °C sobre los niveles preindustriales, además de decidir aplicar medidas rápidas y basadas en la evidencia científica para la mitigación del cambio climático. Puede parecer que haber llegado a este acuerdo es una muy buena notica, pero cientos de científicos afirman que solo tenemos el 5 % de posibilidades de cumplirlo.

➡ A día de hoy, mientras escribo esto, la Amazonia se sigue quemando y los científicos llevan tiempo diciendo que estamos en un punto crítico, con una altísima probabilidad de que el daño sea irreversible. La agricultura animal es responsable del 70 % de la deforestación del pulmón del planeta. Y se están calcinando también aún más hectáreas de terreno en Australia.

➡ Según un estudio de la revista *Epidemiology*, la polución del aire que respiramos, sobre todo la causada por la combustión de diésel de los vehículos, aumenta las probabilidades de padecer cáncer cerebral, pero además está relacionada con daños en cada órgano de nuestro cuerpo. Según la Organización Mundial de la Salud (OMS), es una «emergencia pública silenciosa».

→ El 90 % del plástico que se ha creado jamás ha sido reciclado. Cada año ocho millones de toneladas de plástico terminan en el mar. Es como si cada minuto, un camión de basura arrojara plástico al mar.

→ Cada año, 640.000 toneladas de redes de pesca acaban en los océanos y ahogan a 130.000 mamíferos marinos. Ya se ha visto que todas y cada una de las tortugas marinas vivas han ingerido plástico, sobre todo las del Mediterráneo, uno de los mares más contaminados del mundo.

→ El 77 % de la tierra (excluyendo la Antártida) y el 87 % del océano ha sufrido modificaciones como consecuencia directa de las actividades humanas, según *Nature Research*. Apenas quedan zonas salvajes en el planeta.

➡️ La agricultura animal representa el 18 % de los gases de efecto invernadero (metano, óxido nitroso, amoniaco, etc.) que se emiten a la atmósfera. Son más emisiones que las de todo el sector del transporte junto (13-14 %). También ocupa el 70 % de toda la tierra destinada a la agricultura y el 30 % de toda la superficie del planeta.

➡️ El verano de 2019, Groenlandia perdió dos billones de toneladas de hielo en un solo día debido al calentamiento global. Además, el primer glaciar que hubo en Islandia se perdió para siempre durante esos meses. ¿Qué pasará el próximo verano?

La lista podría continuar sin fin, hablando de personas, animales y pérdida de ecosistemas enteros.

¿Cuáles son las consecuencias de esto?

Algunas son la proliferación de hambrunas, millones de pérdidas de vidas humanas y de animales, la aparición de nuevas enfermedades y de otras que se creían erradicadas, la subida del nivel de los océanos y la pérdida de kilómetros de costa, con lo que cientos de miles de personas perderán su hogar... De hecho, se estima que, en 2030, la crisis climática podría llevar a la pobreza a 120 millones de personas.

Además, seguirán produciéndose desastres climáticos en forma de riadas, inundaciones, sequías y un largo etcétera que se volverán mucho más frecuentes en los próximos años.

Somos ya testigos de la desaparición masiva de especies naturales, pero se irá haciendo aún más evidente con el paso del tiempo. Estamos viviendo lo que se conoce como «la sexta extinción masiva», y más de un millón de especies están en riesgo de extinción, según Naciones Unidas. La población mundial de abejas, por ejemplo, ha decrecido a un nivel extremo.

Es una certeza cada vez mayor: la vida humana en el planeta se hará más difícil, más dura, con una atmósfera nociva (como en la India, donde se han cerrado los colegios de Nueva Delhi por culpa de la contaminación atmosférica), en algunos lugares del planeta la vida cotidiana será insoportable por las condiciones ambientales, la comida será carísima porque costará horrores cultivarla... Si seguimos así, la humanidad corre el riesgo real de extinguirse. Y con ella, gran parte de la vida del planeta.

Estamos enfrascados en uno de los experimentos más peligrosos del planeta, que consiste en ver cuánto CO_2 aguanta la Tierra antes de que se produzca una catástrofe climática.

Cuando fui consciente de la realidad sentí rabia, tristeza y frustración. Pensé que todo esto me iba demasiado grande y que yo no era más que un grano de arena en una playa gigantesca, que mis actos como persona insignificante no tendrían ninguna importancia.

Después leí muchos libros de Jane Goodall; ella me enseñó que cada día establecemos una gran diferencia en el mundo y que en nuestras manos está decidir qué tipo de diferencia queremos marcar. Y luego llegó Greta, demostrándome que nunca se es demasiado joven para actuar.

Ahora te estarás preguntando:

¿REALMENTE SIRVE QUE YO HAGA ALGO?

Mi respuesta, después de mucho tiempo preocupada e informándome sobre estos temas, es: por supuesto que sí.

Siempre digo que la mejor manera de canalizar esa rabia, tristeza y frustración es actuando. Hacer frente a los problemas en vez de quedarse paralizado por el miedo, el pesimismo y el cinismo resulta reconfortante y revitalizador para nosotros y para nuestro entorno; descubres que cada pequeña acción cuenta y tiene un eco beneficioso. Cuando ves las consecuencias de tus actos es cuando te sientes útil, además de inspirar a la gente de tu alrededor a hacer lo mismo.

No nos excusemos con un «ya actuarán desde arriba». Si no empezamos nosotros a cambiar, no esperemos que otros lo hagan. Empieza tú. Empieza por lo que sea.

ESTE LIBRO PRETENDE SER UN CANTO A LA ESPERANZA A TRAVÉS DE LA ACCIÓN. PRETENDE SER UN ÚLTIMO EMPUJÓN PARA QUE EMPECEMOS A CUIDAR DE VERDAD NUESTRO HOGAR. PRETENDE SER UNA GUÍA DE INSPIRACIÓN DE OTROS ACTIVISTAS QUE ESTÁN INTENTANDO HACER UN MUNDO MEJOR DÍA A DÍA.

Cuando descubrí y asumí todo lo que estaba pasando, no solo dejé de apoyar a unas industrias que no iban con mis valores —por ejemplo, dejé de comer animales y sus secreciones—, también empecé a hacer activismo para que otra gente viera lo que no quieren que sepamos: hacinamiento de animales, enfermedades, tortura, agua contaminada, deforestación, etc. Esto no cabía en el mundo que yo quería, un mundo lleno de paz, empatía y amor. Empecé a compartir todo lo que aprendía en las redes sociales y eso conllevó bastantes críticas. Durante un tiempo me afectaron, pero después me hicieron más fuerte, ya que reafirmaban lo mucho que importaba que aportara amor, respeto y amabilidad a este mundo. Algo tan simple como que yo compartiera en mi Instagram que no comía animales conllevó a que miles de personas dejaran de hacerlo. Pensaban como yo:

¿Por qué no nos enseñan lo que hay detrás de la industria alimentaria?

Después empecé a darme cuenta de la cantidad desproporcionada de plástico que generaba en casa, así que decidí informarme también sobre este problema. Todo lo que descubrí, los datos que he mencionado antes, me dejó conmocionada. Más adelante te digo qué puedes hacer para disminuir y evitar el consumo de plástico.

Tengo la suerte de tener una plataforma de expresión más o menos grande en Instagram que he construido durante muchos años, empezando, como todo en esta vida, desde cero (y sin la intención de que se convirtiera en lo que es hoy en día). Poco a poco fui ganando seguidores y mi comunidad se hizo más grande. Supe que tenía una responsabilidad especial, ya que mucha gente me miraba con atención y escuchaba lo que decía. Así que empecé a dar a conocer problemas de los que no se habla mucho ni en la tele ni en otros medios y que me preocupaban en lo más hondo: las granjas industriales, los mataderos y la emergencia climática. No era una experta ni nunca había recibido clases sobre estos temas, pero cuando uno tiene la voluntad de aprender, pide ayuda y se informa de cómo hacerlo, esa resulta ser la fórmula perfecta para lograr un impacto positivo.

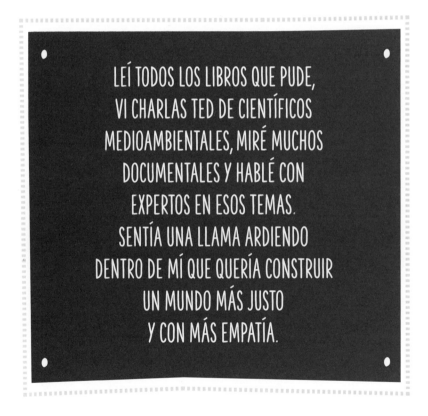

LEÍ TODOS LOS LIBROS QUE PUDE, VI CHARLAS TED DE CIENTÍFICOS MEDIOAMBIENTALES, MIRÉ MUCHOS DOCUMENTALES Y HABLÉ CON EXPERTOS EN ESOS TEMAS. SENTÍA UNA LLAMA ARDIENDO DENTRO DE MÍ QUE QUERÍA CONSTRUIR UN MUNDO MÁS JUSTO Y CON MÁS EMPATÍA.

Unos años después de abrir mi cuenta de Instagram, he logrado cosas que jamás pude imaginar: he escrito el libro *Camino a un mundo vegano*, que vendió miles de ejemplares. Me invitaron al Parlamento Europeo cuando se aprobó la ley sobre la prohibición de plásticos de un solo uso, me entrevistan en radios y periódicos nacionales e inspiro a más de 180.000 personas (los seguidores de mi perfil) para que aporten su granito de arena, recordándoles lo importante que son sus actos diarios. Lo mejor es que yo también sigo aprendiendo cada día.

> ESE FUEGO QUE LLEVO DENTRO POR QUERER MEJORAR EL MUNDO NO SE APAGA, SE ALIMENTA DE TODAS LAS INJUSTICIAS QUE EXISTEN Y DE MI NECESIDAD DE INTENTAR CAMBIARLAS.

No quiero quedarme de brazos cruzados y estoy segura de que tú tampoco. Quiero un mundo más justo, más empático y más unido por las causas que realmente importan, como esta. No ganaremos ninguna batalla jamás si la batalla de la crisis climática se pierde. Y no es solo por nosotros mismos, es una lucha para que cada uno de los individuos de este planeta tenga un hogar seguro. Los animales, las personas, las plantas... Esto atañe a todas las formas de vida.

¿Quieres ser recordado como parte de la generación que no hizo nada para salvar el planeta? Yo por supuesto que no.

Somos la generación que mira lo que tiene delante y se enfada, se frustra y siente tristeza. Pero utilizamos esos sentimientos para actuar.

Aunque la diferencia que yo produzca no sea enorme, sí aporto mi granito de arena, como lo hacen Connie, Claudia, Mariana, Monica y Patricia, que con su ejemplo ofrecen un rayo de luz a este mundo. Ellas son verdaderas luchadoras que se preocupan por las personas, los animales y el medio ambiente e inspiran a la gente a luchar por aquello que creen.

Te hablaré de ellas:

Tuve la suerte de conocer a **Connie** en Barcelona, de asistir a uno de sus conciertos y de cenar con ella. Además de cantautora, Connie es activista por los animales, el medio ambiente y los derechos sociales. Junto a su pareja Nico Lorenzon (también te recomiendo que eches un vistazo a su perfil), inspira a cientos de miles de personas. Tiene unos vídeos maravillosos en YouTube en los que explica desde los temas que más preocupan a las personas veganas hasta qué es la apropiación cultural. Mi canción preferida de Connie es «Equidad»; escúchala, el mensaje que tiene detrás no te dejará indiferente.

Claudia es una increíble activista por el medio ambiente. También tuve la suerte de conocerla en Estrasburgo, ya que nos invitaron a ambas al Parlamento Europeo cuando se aprobó la ley de prohibición de plásticos de un solo uso para 2021. Estuvimos muy poco tiempo juntas, pero no me hizo falta más para darme cuenta de lo comprometida que está en la lucha contra la emergencia climática y el *fast fashion* o la moda rápida. Me fascinaron todos los proyectos que tenía en mente. Te recomiendo que mires sus vídeos de IGTV porque explican muchísimos temas de actualidad, como el lavado verde o *greenwashing* y la moda rápida.

Sobre Mariana diré que me enamoré de su Instagram en un instante, no solo por sus increíbles ilustraciones, motivo por el que la elegí como ilustradora de este libro, sino también por la cantidad de información que contiene. Mariana es un pozo de conocimiento que expresa de modo exacto lo que quiero decir con sus palabras y dibujos. Muchas veces para explicar un tema en concreto comparto una de las maravillosas publicaciones que hace con tanto amor y dedicación, porque siempre acierta. Y no solo yo recurro a ella, mucha gente de mi alrededor utiliza sus posts para expresar sentimientos y emociones con la claridad y sencillez que sabe mostrar.

A Monica no la conozco en persona, pero su perfil en las redes sociales me conquistó por completo. Ella también es una activista por el medio ambiente y los derechos humanos. Es californiana y ha viajado por medio mundo, pero hoy vive en España. Te recomiendo encarecidamente que eches un vistazo a todo lo que hace porque aprenderás mucho sobre cómo llevar una vida con menos residuos.

A Patricia tampoco la conozco en persona, pero no me ha hecho falta verla para sentir la fuerza que tiene dentro y sus ganas de cambiar el mundo. Recuerdo leer una noticia que decía que escribiría una carta al presidente del Gobierno de España para que pusiera en marcha medidas en contra de la emergencia climática. Se la entregó en persona cuando asistió a la Cumbre Juvenil por el Clima (Youth Climate Summit) y en ella se exigían medidas para defender los derechos de niñas y mujeres, una causa por la que viene luchando desde hace mucho tiempo a través de la ONG Plan Internacional.

> PARA QUE LUEGO DIGAN QUE LAS MUJERES NUNCA HAREMOS NADA GRANDE.

Recuerda siempre: la naturaleza somos todos. Cada uno de nosotros somos naturaleza y lo que le estamos haciendo a ella nos lo estamos haciendo a nosotros mismos. No vivimos cada uno en un planeta diferente donde nuestros actos no tienen consecuencias: vivimos en un planeta donde el espacio es limitado y los recursos también, y lo que uno hace afecta al otro.

> NOSOTROS SOMOS LOS QUE DECIDIMOS CÓMO TRATAMOS A NUESTRO PLANETA. NO NOS ESTAMOS DANDO CUENTA DE CÓMO NUESTRA FORMA DE VIDA NOS IMPACTA A NOSOTROS Y A LAS GENERACIONES FUTURAS, Y TAMBIÉN A LOS ANIMALES.

Ellos también sufren las consecuencias de los actos humanos, de nuestra insaciable avaricia por querer dominarlo todo y conquistar el mundo. Viven a nuestro lado en este planeta y nosotros se lo arrebatamos todo: su casa, su hábitat, su familia, hasta su vida. ¿Te acuerdas de «El ciclo de la vida» de *El rey león*? Nos lo estamos cargando a una velocidad indecente. Vivimos tan desconectados del mundo natural que ni siquiera nos damos cuenta de lo que está ocurriendo. En un planeta en paz y en equilibrio no puede tener cabida el exterminio masivo que estamos haciendo de animales, no tiene ningún sentido. Nos hacemos llamar la especie más inteligente, ¿no? Pues demostrémoslo. Demostremos que sabemos utilizar los recursos de manera adecuada, sin destruir y respetando a los demás seres que viven con nosotros. Demostremos que sabemos cuidar de los más vulnerables, que queremos mejorar la situación de los que más lo necesitan.

¿CÓMO PODEMOS AYUDAR?

TE DEJO UNA LISTA DE 50 COSAS QUE PODEMOS HACER:

1. COMER A BASE DE PLANTAS, A PODER SER, ECOLÓGICAS (PARA EVITAR EL USO DE PESTICIDAS Y FERTILIZANTES QUE DAÑAN EL SUELO) Y DE PRODUCCIÓN LOCAL.

2. COGER MENOS AVIONES Y MÁS TRENES.

3. CAMINAR MÁS.

4. APAGAR LA LUZ Y CERRAR EL GRIFO CUANDO NO SE ESTÉN UTILIZANDO.

5. RECICLAR. AUNQUE NO SEA LA SOLUCIÓN AL PROBLEMA, ES ALGO BÁSICO.

6. DEJAR DE USAR PLÁSTICO DE UN SOLO USO: BOTELLAS
DE PLÁSTICO, CUBIERTOS, GLOBOS, PAJITAS...
ESTARÁN PROHIBIDOS EN 2021, PERO DE MOMENTO
HAY LOCALES Y RESTAURANTES QUE AÚN LOS OFRECEN.
¡RECHÁZALOS!

7. DONAR A ORGANIZACIONES QUE CUIDAN EL MEDIO AMBIENTE
Y A LOS ANIMALES, COMO POR EJEMPLO:

   a. Earth Alliance. Aborda las amenazas urgentes de nuestro
   planeta.

   b. Coral Restoration Foundation. Organización sin ánimo de
   lucro que se dedica a proteger y reparar los arrecifes de coral
   y a educar a las personas en su respeto.

   c. Turtle Conservancy. Protege el hábitat de las tortugas
   con mayor peligro de extinción.

d. Plastic Oceans. Protegen los océanos de los plásticos, dan
   a conocer el problema y organizan recogida de residuos.
   Fue la organización que filmó el famoso documental
   de Netflix *A Plastic Ocean*.

e. Extinction Rebellion. Organización que lucha contra la justicia
   climática y ecológica.

f. Sea Legacy. Organización que lucha para conseguir
   unos océanos sanos y ricos en diversidad.

g. Jane Goodall Institute. Comunidad global que promueve
   la visión de la doctora Jane Goodall. Se dedica
   a la investigación y protección de los chimpancés,
   inspira a cuidar el medio ambiente y mejora la vida
   de animales y personas.

h. Oceana. Organización sin ánimo de lucro que se dedica
   a proteger y reparar los océanos a gran escala.

i. Sheldrick Wildlife Trust. Rescatan y rehabilitan a rinocerontes, jirafas y elefantes -entre otros animales- que se han quedado huérfanos debido a la caza furtiva. Además, se dedican a la conservación de sus hábitats, luchan contra el furtivismo y suministran agua para la vida salvaje.

j. National Audubon Society. Su misión es conservar y restaurar los ecosistemas naturales; se centran en las aves y otros animales salvajes y sus hábitats.

k. Conservation International. Trabajan a través de la ciencia; capacitan a las personas para proteger la naturaleza de la que tanto dependemos para nuestra alimentación, cuidando el agua dulce y los medios de vida.

l. The Dian Fossey Gorilla Fund. Se centran en la conservación de los hábitats de los gorilas de montaña que están el peligro de extinción.

8. ORGANIZAR O ASISTIR A UNA RECOGIDA DE PLÁSTICOS: NO ES QUE AYUDE DE FORMA TRASCENDENTAL (AUNQUE SÍ QUE EVITA QUE CIENTOS DE KILOS DE PLÁSTICO ACABEN EN ESA REGIÓN EN PARTICULAR O INGERIDOS POR PÁJAROS MARINOS), PERO CONTRIBUYE A CREAR CONSCIENCIA ACERCA DE LA CANTIDAD DE BASURA QUE HAY EN NUESTRAS PLAYAS, Y TE HACE IMAGINAR LA CANTIDAD DE PLÁSTICO QUE SE ENCUENTRA EN NUESTROS MARES.

9. COMPRAR A GRANEL: PASTA, HARINAS, LEGUMBRES, ARROZ, FRUTOS SECOS...

10. RELLENAR O REUTILIZAR LOS ENVASES DE LOS PRODUCTOS DE LIMPIEZA.

11. PLANTAR ÁRBOLES.

12. UTILIZAR MENOS EL CALEFACTOR, SOLO CUANDO SEA ESTRICTAMENTE NECESARIO. (¡PONTE UN JERSEY Y UNOS CALCETINES!)

13. CAMBIAR LAS BAÑERAS POR DUCHAS DE TRES MINUTOS.

14. COMPRAR ROPA DE MATERIALES SOSTENIBLES, RECICLADOS O DE SEGUNDA MANO.

15. COMPRAR MÁS LIBROS ELECTRÓNICOS Y MENOS LIBROS EN PAPEL.

16. TENER TU PROPIO HUERTO O, AL MENOS, CULTIVAR ALGUNAS VERDURAS, FRUTAS O HIERBAS AROMÁTICAS.

17. REUTILIZAR LAS PARTES DE LAS FRUTAS Y VERDURAS QUE VAYAS A TIRAR A LA BASURA (PARA HACER UN CALDO, POR EJEMPLO).

18. COMPOSTAR LOS RESTOS DE COMIDA.

19. APOYAR PEQUEÑOS NEGOCIOS.

20. COMPARTIR NOTICIAS DE LA CRISIS CLIMÁTICA EN LAS REDES SOCIALES.

21. TENER EN TU BALCÓN, TERRAZA O JARDÍN PLANTAS AUTÓCTONAS DE TU ZONA PARA AYUDAR A LAS ABEJAS.

22. VER DOCUMENTALES QUE HABLEN DEL MEDIO AMBIENTE, COMO LOS SIGUIENTES QUE PUEDES ENCONTRAR EN NETFLIX:

   a. *The True Cost.* Muestra todo lo que hay detrás de la moda rápida y lo devastadora que es: trabajadores explotados, contaminación de ríos y suelos, enfermedades crónicas, etc.

b. *A Plastic Ocean.* Es un documental hecho por científicos, ambientalistas y periodistas que explora el delicado y frágil estado en el que están nuestros océanos por culpa de los plásticos de un solo uso que utilizamos a diario. Ver este documental supuso un antes y un después en mi vida.

c. *Cowspiracy.* Enseña de una manera clara cómo afecta la agricultura animal al medio ambiente.

d. *Before The Flood.* Leonardo DiCaprio viaja para ver de primera mano las consecuencias de la crisis climática.

e. *Our Planet.* Muestra lo maravillosa que es nuestra Tierra y el mundo natural, pero lo terriblemente devastadora que es la emergencia climática para los animales. Me afectó mucho, sobre todo la escena de los leones marinos.

f. *Chasing Coral.* Muestra cómo la emergencia climática afecta a los corales, matándolos poco a poco, y como consecuencia, a los hábitats de la vida salvaje en el mar.

g. *Chasing Ice.* El fotógrafo James Balog, escéptico hacia el cambio climático, se va de viaje para ser testigo de cómo se transforman los glaciares debido al calentamiento global. Lo que descubre lo cambia para siempre.

23. HABLAR CON PROFESORES DE TU COLEGIO O UNIVERSIDAD PARA QUE PONGAN UN DOCUMENTAL EN CLASE SOBRE LA EMERGENCIA CLIMÁTICA.

24. VOTAR A PARTIDOS POLÍTICOS QUE TENGAN EN CUENTA LA EMERGENCIA CLIMÁTICA.

25. SER CONSCIENTE DEL USO QUE HACES DE LA TECNOLOGÍA.

26. PLANIFICAR LAS COMIDAS SEMANALES PARA EVITAR EL DESPERDICIO ALIMENTARIO.

27. REPARAR LO QUE YA TIENES, SI ES POSIBLE, ANTES DE COMPRAR ALGO NUEVO.

28. GUARDAR LA COMIDA CORRECTAMENTE EN LA NEVERA PARA QUE DURE MÁS.

29. PEDIR A LOS NEGOCIOS QUE NO UTILICEN PAQUETES Y ENVOLTORIOS DE PLÁSTICO.

30. APRENDER A GERMINAR Y REGENERAR LOS RESTOS DE LA COCINA (AJOS, PUERROS, ZANAHORIAS...).

31. TENDER LA ROPA EN LUGAR DE USAR LA SECADORA.

32. CAMBIAR LA ENERGÍA DE CASA POR UNA 100 % RENOVABLE.

33. REUTILIZAR PERIÓDICOS O ANTIGUOS ENVOLTORIOS PARA ENVOLVER REGALOS Y NO COMPRAR PAPEL BLANCO NUEVO Y PLÁSTICO.

34. APRENDER A DEPOSITAR DE FORMA CORRECTA LAS PILAS Y BATERÍAS QUE YA NO FUNCIONAN.

35. IMPRIMIR MENOS Y, SI ES ESTRICTAMENTE NECESARIO, HACERLO CON PAPEL RECICLADO.

36. CAMBIAR LAS BOMBILLAS NORMALES POR LED (GASTAN MENOS).

37. ELIMINAR EL ACEITE DE PALMA DE TU DIETA (O AL MENOS AQUEL QUE PROVIENE DE INDONESIA Y NO DE FUENTES RESPONSABLES QUE NO DESTRUYAN EL HÁBITAT DE LOS ORANGUTANES).

38. USAR DESODORANTES SÓLIDOS, YA QUE EL GAS QUE CONTIENEN LOS QUE VIENEN EN SPRAY PERJUDICA LA CAPA DE OZONO.

39. FIRMAR PETICIONES QUE QUIERAN HACER UN MUNDO MEJOR Y LUCHEN CONTRA LA CRISIS CLIMÁTICA.

40. HACER UN VOLUNTARIADO EN ORGANIZACIONES QUE AYUDEN AL MEDIO AMBIENTE.

41. CAMBIAR TU BUSCADOR DE GOOGLE POR ECOSIA (WWW.ECOSIA.ORG), QUE DESTINA SUS BENEFICIOS GENERADOS POR ANUNCIOS A PLANTAR ÁRBOLES.

42. HACER BOICOT A AQUELLAS COMPAÑÍAS QUE DESTRUYEN EL MEDIO AMBIENTE DE FORMA ACTIVA Y ENSUCIAN RÍOS, MARES Y ECOSISTEMAS.

43. LAVAR LA ROPA A MENOR TEMPERATURA Y DURANTE MENOS TIEMPO.

44. APAGAR EL WIFI CUANDO NOS VAMOS A DORMIR.

45. VIAJAR CON CONCIENCIA:

a. Ve preparado con utensilios reutilizables para no generar más residuos. Puedes llevar comida en una fiambrera, tu botella de agua, cubiertos y pajitas de bambú, etc.

b. Si viajas a un país con animales salvajes:
   i. Evita cualquier tipo de interacción directa, como alimentarlos, bañarte o sacarte fotos con ellos, acariciarlos, etc.
   ii. Asegúrate de contemplar animales en parques naturales o hábitats protegidos, refugios y safaris éticos, donde los ingresos generados sean para cuidarlos a ellos.

iii. Evita los «falsos santuarios», ve solo a los que son santuarios de verdad. Hay animales heridos, huérfanos o que, por la circunstancia que sea, no pueden volver a vivir en libertad. Existe gente maravillosa que dedica su tiempo a cuidarlos, pero también hay sitios que parecen zoológicos más que santuarios.

46. DEJAR DE USAR PALILLOS DE LOS OÍDOS: ADEMÁS DE SER UNO DE LOS OBJETOS QUE MÁS ME ENCUENTRO EN LAS PLAYAS, LOS MÉDICOS NO PARAN DE REPETIR QUE SON MALOS PARA LA SALUD DE NUESTROS OÍDOS. HAY OTROS MÉTODOS MEJORES PARA LIMPIARLOS. SÍ, EXISTEN PALILLOS DE LOS OÍDOS HECHOS DE BAMBÚ, PERO TAMPOCO SOY PARTIDARIA DE ELLOS POR LA RAZÓN MÉDICA DE ANTES Y PORQUE SIGUEN SIENDO DE USAR Y TIRAR, LO CUAL SIEMPRE TIENE UN EFECTO NEGATIVO EN EL MEDIO AMBIENTE.

47. USAR COSMÉTICA NATURAL Y ASÍ EVITAR INGREDIENTES DE ORIGEN ANIMAL QUE CONLLEVAN CRUELDAD, ADEMÁS DE LOS FAMOSOS *MICROBEADS*, QUE SON UNAS BOLITAS QUE SE ENCUENTRAN EN PASTAS DE DIENTES O EXFOLIANTES COMERCIALES.

48. PARA LA MENSTRUACIÓN, TRARTAR DE ENCONTRAR ALTERNATIVAS SOSTENIBLES A COMPRESAS Y TAMPONES. (UNO DE LOS OBJETOS QUE MÁS VEO ABANDONADOS EN LA PLAYA SON LOS APLICADORES DE TAMPONES DE PLÁSTICO.)

    a. Copa menstrual.

    b. Compresas reutilizables.

49. CAMBIAR TUS SERVILLETAS DE PAPEL POR UNAS DE TELA QUE PUEDAS REUTILIZAR.

50. SUSTITUIR TU CEPILLO DE DIENTES DE PLÁSTICO DEL
    SUPERMERCADO POR UNO DE BAMBÚ. LO CAMBIAMOS MÁS
    O MENOS CADA TRES MESES Y ESO, A LO LARGO DE LA VIDA,
    ES MUCHO PLÁSTICO.

La lista podría seguir y seguir. Son tantas las cosas que podemos hacer que no tenemos por qué sentirnos inútiles nunca más. El clima está cambiando, ¿por qué no cambiamos nosotros?

Para lograrlo tenemos que estar dispuestos a asumir una pérdida de comodidad en nuestra vida, hacer pequeños sacrificios. Por ejemplo, habrá veces que queramos desplazarnos en transporte privado porque es más cómodo, pero en su lugar cogeremos el metro o el autobús (reconozco que no lo hago todo lo que debería). O iremos a comprar a granel a una tienda especializada: aunque el supermercado está mucho más cerca, caminaremos un poco más e iremos a la tienda de productos a granel para evitar plástico. O en vez de comprar una crema corporal del súper, acudiremos a una tienda en la que la tengan sólida, sin envase de plástico.

Eso es estar dispuesto. Eso es asumir la responsabilidad sobre tu decisión. Eso sí, no te frustres si no puedes hacerlo todo. Yo no puedo, nadie puede, porque no somos perfectos y nuestro comportamiento hacia la emergencia climática tampoco lo será.

> **PERO QUE NO SEAMOS TOTALMENTE COHERENTES EN TODO MOMENTO NO ES UNA EXCUSA PARA NO HACER NADA. CADA UNO TIENE SUS POSIBILIDADES.**

Muchas personas no tienen cerca una tienda que venda a granel, pero sí se preocupan por consumir comida local. Otros no pueden permitirse comprar productos ecológicos, pero sí utilizan transporte público e intentan ahorrar agua. Y algunos no pueden dejar de viajar porque necesitan hacerlo por trabajo, pero sí se preocupan por llevar una alimentación vegetal y utilizan energía renovable en casa.

A lo largo de este camino, me he dado cuenta de que algunas personas se dedican a apuntar a los que nos preocupamos por el medio ambiente con el fin de señalar todo lo que hacemos mal para justificarse ante sí mismos de que no estén haciendo nada. Mariana lo explica genial en un post de su blog que cito textualmente:

Creo que cualquier persona que haya tratado de hacer algo significativo por otras personas, por los animales o por el mundo entenderá fácilmente a qué me refiero, puesto que cuando alguien se «atreve» a mirar más allá de su propio ombligo y a preocuparse por cosas que sean diferentes al bienestar inmediato e individual, casi al instante empieza a recibir cuestionamientos –que pueden llegar a ser bastante hostiles– sobre la coherencia: que si está haciendo X por qué no está haciendo Y, que si habla de una cosa por qué no habla de lo otro, que si quiere hacer una donación a una causa por qué no está donando más, que si trabaja de corazón por una causa por qué no lo hace gratis, que para qué deja de comer carne si igual tiene celular, y otro montón de preguntas y señalamientos (usualmente con escaso sentido) que, al parecer, buscan demostrar que da igual cuánto te esfuerces porque siempre te va a quedar «faltando algo»... y por lo tanto la única opción que resulta coherente es no cuestionar nada y no comprometerte con nada.

Mi recomendación es que sigas con lo tuyo. Que nadie te pare. El que hayas decidido hacer algo por este mundo que está en crisis acabará afectando también de forma positiva a las personas que te critican, lo que pasa es que ellos aún no lo saben.

RECUERDA: que algo sea legal no quiere decir que sea moralmente correcto. Antes era legal encerrar judíos en campos de concentración e ilegal esconderlos en tu casa para que los nazis no los mataran. Antes era legal que las mujeres no votasen. Antes era legal que los afroamericanos cedieran el asiento a las personas blancas en el autobús. Antes era legal tener esclavos. Todas estas injusticias se han abolido gracias a gente que quiso cambiar las cosas. Querer hacer un mundo mejor es el sentimiento más bonito y sincero que podemos tener.

Actuemos cada día como si pudiéramos cambiar el mundo. Porque sí podemos.

¿ME AYUDAS?

Hazte cargo
DE TUS
RESIDUOS
ORGÁNICOS

APROXIMADAMENTE EL 50% DE LO QUE LLEGA A LOS VERTEDEROS SON RESIDUOS ORGÁNICOS... ¡Y NO SON BASURA, SON RECURSOS! NO SOLO OCUPAN ESPACIO SINO QUE GENERAN METANO, UN POTENTE GAS DE EFECTO INVERNADERO. CLASIFICA TUS RESIDUOS ORGÁNICOS, CONSIGUE O IMPROVISA UNA COMPOSTERA... ¡Y EMPIEZA A VER LA MAGIA!

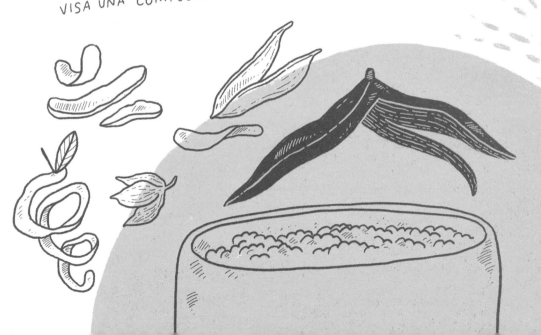

2

CONNIE ISLA

MANIFIESTO POR LOS ANIMALES

SOY CONNIE ISLA, TENGO VEINTICINCO AÑOS Y
VIVO EN ARGENTINA. SOY CANTAUTORA, ACTRIZ,
VEGANA, ACTIVISTA Y A LOS DIECISÉIS AÑOS
TOMÉ LA DECISIÓN DE DEJAR DE COMER ANIMALES.

A pesar de no tener familiares o gente cercana que llevaran estilos de vida vegetarianos o veganos, y si bien no estaba tan informada sobre el tema, sentía una fuerte atracción hacia este mundo, que se presentaba en mi cabeza como el paraíso libre de crueldad.

Justo en ese momento de mi vida estaba terminando una relación bastante toxica, acababa de volver de un curso de actuación en Nueva York que había sido una experiencia única y me pareció el momento ideal para sumar otra revolución más a mi vida, mis ideologías y mi rutina. Llegué del viaje y ese día me propuse dejar de comer animales. Al día siguiente fue el cumpleaños de mi tía y recuerdo que me olvidé por completo del vegetarianismo y me comí un sándwich de tomate y lomito de cerdo. A las pocas horas me acordé de que ese día había decidido ser vegetariana y me agarró un miniinfarto. Claramente no es tarea fácil inculcar un hábito de un día para el otro, teniendo dieciséis años y, peor aún, viviendo en un mundo donde los productos de origen animal son venerados por sus cualidades «nutritivas» y son la principal oferta en cualquier supermercado, tienda, evento, cumpleaños y demás.

Después de ese momento, me prometí ser responsable y adoptar el vegetarianismo de forma consciente y total.

A partir de ese día todo fue viento en popa, ya que, a decir verdad, nunca fui una gran devota de la carne. Argentina es un país que se caracteriza por sus buenas y deliciosas carnes, y es muy común que los domingos (y otros días de la semana también) se lleven a cabo los famosos asados y reuniones familiares. Para mí nunca fue algo divertido o que esperara con ansias, dado que la carne siempre me generó bastante rechazo. Me acuerdo de asistir a estos asados familiares y de observar la parrilla grasienta llena de partes de cuerpos de animales y elegir por descarte el pedazo que menos se pareciera a un órgano o un músculo porque me daba muchísima impresión y asco. Una vez que escogía el trozo, me lo servían en el plato guiñándome un ojo, orgullosos del manjar que me estaban ofreciendo; yo me dirigía a mi lugar en la mesa, me sentaba y comenzaba la cirugía plástica.

Con el cuchillo y el tenedor diseccionaba ese pedazo de «comida», sacándole todo aquello que me recordara que estaba comiendo un cadáver. El resultado final: un plato rodeado de pedacitos de nervios, venas, grasa, etc., y en el centro un cuadradito de algo liso y sin textura. Eso era lo que comía, acompañado de alguna papa o batata.

SIN EMBARGO,
TODO AQUELLO QUE NO ME RECORDARA
A UN CUERPO O CADÁVER,
SÍ ME GUSTABA. DE HECHO, ERA FANÁTICA
DEL PRODUCTO MÁS SINIESTRO DE TODOS:
LAS SALCHICHAS.

SÍ, PUEDEN LLORAR CONMIGO. LAS HORRIBLES,
PROCESADAS Y ASQUEROSAS SALCHICHAS...
PERO AHÍ TIENEN: JUSTAMENTE ME GUSTABAN
PORQUE MI CEREBRO NO ASOCIABA QUE
ME ESTABA COMIENDO A ALGUIEN, SINO
UN SIMPLE PRODUCTO ENVUELTO EN PLÁSTICO,
CON RICO SABOR Y QUE, SI ENCIMA
LO PONÍA UN MINUTO EN EL MICROONDAS
Y LE AGREGABA KÉTCHUP Y MAYONESA,
YA TENÍA MI ALMUERZO RESUELTO.
SÍ, PUEDEN LLORAR Y GRITAR CONMIGO...

También me encantaba tomar yogur con cereales, comer fideos con crema de leche y degustar unos huevos revueltos. Por las mañanas solía desayunar leche con cacao en polvo y azúcar, probablemente al mediodía comiera un sándwich de queso y tomate con mayonesa, por la tarde nachos con queso crema y, por la noche, una hamburguesa de quinoa con tomate. Como podrán apreciar, mi dieta no era muy variada que digamos. De bebé, según mi madre y mi padre, comía de todo, pero a partir de los tres años en adelante reduje en un 90 %, la variedad de los alimentos que ingería. Solo comía arroz, fideos, huevo, lácteos, tomate, papa, choclo y chocolate. Ni hablemos de frutas ni verduras, por favor, ya con el tomate era más que suficiente, a mi parecer.

La realidad es que el vegetarianismo no implicó un cambio tan grande en mi dieta, dado que básicamente lo único que hice fue sacar las carnes de mi menú, pero todo el resto siguió igual.

Creo que a los dieciocho años oí hablar por primera vez del veganismo.

Tuve sentimientos encontrados: por un lado, me parecía de las cosas más admirables y nobles que podían existir, y, por otro lado, también me parecía imposible de realizar y bastante extremista. Claramente este último lado es el denominador común de la sociedad cuando hablamos de veganismo. Pero ese argumento está conformado por muchos fantasmitas que habitan en nuestro inconsciente: el fantasmita de la culpa, el fantasmita del miedo al cambio, el fantasmita de la pereza, el fantasmita de la negación y podría seguir.

> El ser humano se resiste al cambio y,
> ante esa resistencia, inventa excusas
> disfrazadas de razones convincentes para
> evitar a toda costa hacerse cargo de la realidad;
> punto final de la cuestión.

Yo tenía varios fantasmitas merodeando en mi cabeza, pero el que más ansiedad me generaba era el de qué comería si fuese vegana, ¡si nada me gustaba! De haber sabido el universo de colores, texturas y sabores puros que me perdí durante tantos años... Pero, en ese momento no era consciente para nada de todas las problemáticas que englobaba el veganismo, y de que además era mucho más rico y sano; y decidí quedarme en el cómodo y mullido sillón del vegetarianismo por ocho años. Sí. Ocho años sin comer animales, pero ingiriendo sus secreciones u ovulaciones no fecundadas y repitiéndome a mí misma que todo estaba bien y que más no podía hacer.

Voy a aprovechar para hacer una pequeña aclaración: no está mal ser vegetariano.

Sin embargo, sí creo que el vegetarianismo debería utilizarse como transición al veganismo. Ahora bien, esa transición puede durar una semana, ocho meses o hasta años, como en mi caso. Es importante entender que todos tenemos nuestros tiempos, nuestras posibilidades y nuestros procesos. No obstante, también es importante asimilar que vivimos en un mundo que se está cayendo a pedazos, donde el veganismo es una gran solución a muchos problemas y que, si tenemos el privilegio de tener acceso a información y de poder elegir qué comer, el veganismo es mucho más efectivo a nivel ético, salubre, ambiental y humano que el vegetarianismo.

Prosigo con el relato anterior: a los veintidós años conocí a Nico, mi actual novio, y empecé a amigarme con la idea de hacerme vegana, lo cual durante mucho tiempo me había parecido irrealizable. Nico no era ni vegano ni vegetariano, pero tenía una dieta muy variada y sabía bastante de nutrición, por lo tanto me empezó a dar consejos sobre cómo alimentarme, cómo incorporar nuevos alimentos de a poco y casi sin querer comencé a alimentarme mejor y más variado. De pronto el veganismo dejó de estar en un pedestal inalcanzable y pude apreciarlo más de cerca. Con este impulso de motivación decidí seguir cuentas de Instagram con contenido nutricional vegano y recetas. De repente, se abrieron las puertas de un mundo nuevo y pronto me encontré en dietéticas y almacenes naturales comprando semillas, granos, yogures veganos y condimentos que ni sabía que existían.

En ese momento, junto con Nico, nos encontrábamos grabando una serie juntos, y yo solía cocinar para comer al mediodía en el set. Lógicamente mis viandas pasaron a ser veganas y, por ende, las de Nico también, ya que era absurdo cocinar dos platos diferentes. De pronto Nico se vio seducido por el veganismo, y en su afán de querer acompañarme en este proceso, decidió probar hacerse vegano conmigo. Así comenzó nuestra transición, que duró aproximadamente un mes; en mi caso de vegetarianismo a veganismo, y, en el de Nico, de omnívoro a vegano sin escalas. Sinceramente, no nos costó mucho. Para casi todo logramos encontrar reemplazos e inclusive hicimos hallazgos valiosísimos de alimentos que desconocíamos por completo.

Cuando terminamos de grabar la serie, tuvimos la suerte de hacer un viaje a Australia, Tailandia e Indonesia que nos terminó de convencer oficialmente de que el veganismo era genial. Nos encontramos con infinidad de restaurantes cien por cien veganos, productos veganos increíbles en las góndolas de los supermercados, quesos gourmet deliciosos y hasta repostería, chocolates y más. TODO vegano.

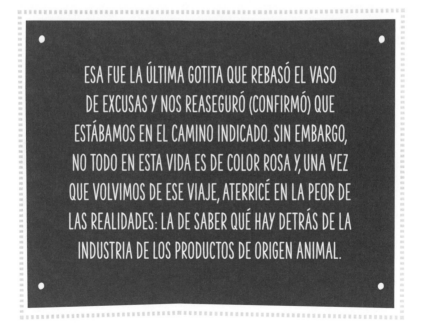

ESA FUE LA ÚLTIMA GOTITA QUE REBASÓ EL VASO DE EXCUSAS Y NOS REASEGURÓ (CONFIRMÓ) QUE ESTÁBAMOS EN EL CAMINO INDICADO. SIN EMBARGO, NO TODO EN ESTA VIDA ES DE COLOR ROSA Y, UNA VEZ QUE VOLVIMOS DE ESE VIAJE, ATERRICÉ EN LA PEOR DE LAS REALIDADES: LA DE SABER QUÉ HAY DETRÁS DE LA INDUSTRIA DE LOS PRODUCTOS DE ORIGEN ANIMAL.

Cuando llegamos a Argentina, yo estaba fascinada con este nuevo estilo de vida libre de crueldad, pero quería saber más.

Quería saber por qué la gente elegía comer carne y leche, cuál era su impacto ambiental, si realmente era tan saludable como nos habían dicho durante años y tenía muchas pero muchas dudas más que acechaban mi cabeza sin parar. Para saciar esa sed informativa, decidí seguir más cuentas en Instagram, pero esta vez relacionadas con el activismo, con datos duros, imágenes fuertes y realidades ajenas a mi conocimiento ingenuo. También comencé a ver documentales, con el fin de tener información certera y concisa, para poder argumentar y debatir de forma sólida.

Fue como estamparme la cara con una pared de cemento infinitas veces. Me sumergí en un mar de impotencia, frustración, sorpresa y tristeza.

MI PRIMERA REACCIÓN FUE DE IRA.

Me hervía la sangre de solo pensar que vivimos en un mundo tan apático, consumista y egoísta; que aun teniendo toda la información al alcance de la mano y las herramientas para cambiar, la gente igual decide vendarse los ojos y taparse los oídos con tal de no cuestionarse, cambiar y adaptarse a la urgencia que estamos viviendo.

DESPUÉS PASÉ A SENTIR MUCHA TRISTEZA.

Me pesaba mucho ser parte de esta especie tan cruel y pensar que, aunque fuera vegana, mi sola existencia y sus consumos seguían impactando en el medio ambiente. Me dieron ganas de desaparecer, de no pertenecer más a esta raza humana; sentí rechazo por la humanidad que tanta injusticia, maldad y desgracias provoca en este mundo.

> **Después volví a la ira.**
> **Luego a la tristeza, y así sucesivamente**
> **durante un par de meses, hasta**
> **que apareció la resiliencia.**

Hubo un punto en el que me cansé de lamentarme y enojarme y decidí usar mis herramientas y mi información para hacer algo. Agarré todo ese dolor y esa bronca e intenté transformarlo en algo útil. (Digo intenté, ya que hoy en día aún me pasa que me inundan estas emociones de ratitos, no lo voy a negar; pero aprendí a controlarlas mejor y no dejar que me dominen, sino utilizarlas a mi favor, o, mejor dicho, a favor del mundo.)

Decidí usar mis redes sociales para difundir toda esta información que para mí era nueva pero clave. De a poco comencé a subir posteos invitando a la reflexión, también algunos videos hablando de mi transición y hasta me creé una cuenta de Instagram aparte para poder profundizar en todo esto y compartir recetas, documentales útiles y desafíos personales ligados a estas problemáticas. A medida que subía información, yo también aprendía exponencialmente, y de a poco fui entendiendo que el veganismo no está relacionado solo con la ética animal (que con eso solo, a mí, ya me basta), sino que había un trasfondo de problemáticas directamente relacionadas con el consumo de productos de origen animal que impactan también a nivel ambiental y social, tanto en salud, como en derechos humanos.

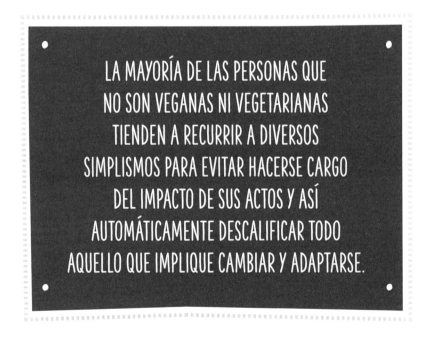

LA MAYORÍA DE LAS PERSONAS QUE NO SON VEGANAS NI VEGETARIANAS TIENDEN A RECURRIR A DIVERSOS SIMPLISMOS PARA EVITAR HACERSE CARGO DEL IMPACTO DE SUS ACTOS Y ASÍ AUTOMÁTICAMENTE DESCALIFICAR TODO AQUELLO QUE IMPLIQUE CAMBIAR Y ADAPTARSE.

Fabrican excusas de a montones alegando que el veganismo es para gente rica y elitista, que nos importan más los animales que los humanos, que queremos manipular y convertir a todo el mundo a nuestra «secta», que nos creemos superiores, etc. Y por más que uno entienda y racionalice que son puras falacias y mecanismos de defensa pobres, me encuentro frecuentemente con veganos o personas que quieren ser veganas que no se animan o se desganan muchísimo por no saber qué responder a todas estas acaloradas acusaciones, y hasta a veces también son convencidos por las mismas.

> Y es lógico. Es totalmente lógico, ya que durante toda nuestra vida nos metieron en la cabeza con suaves pataditas, casi imperceptibles, que comer animales es lo que está bien y lo que hay que hacer, y nadie nos dijo lo contrario.

Con esto no quiero decir que no haya habido veganos y activistas antes que nosotros, de hecho, los hubo, los hay y gracias a ellos hoy también somos quienes somos y militamos por las causas que militamos; sin embargo, en la actualidad contamos con un arma letal: las redes sociales. Hoy nosotros decidimos qué consumimos a nivel informativo. Lo que no te dicen en la televisión, en los diarios, en las radios, en las publicidades o en las revistas, podemos encontrarlo y viralizarlo en Instagram, Twitter, Facebook, YouTube y más.

¿A QUÉ VOY CON TODO ESTO?
CUANDO ME SENTÉ A PENSAR SOBRE QUÉ ESCRIBIR
EN ESTE MANIFIESTO PARA AYUDAR,
APORTAR E IMPULSAR EL VEGANISMO,
ME INCLINÉ A HACER UNA ESPECIE DE GUÍA
SOBRE CÓMO HACERTE VEGANO O VEGANA.

No obstante, a medida que iba escribiendo, sobre todo esta última sección, y también recapitulando sobre mi corta vida de activista y pensando en cuáles son las inquietudes más comunes que enfrenta la gente que quiere ser vegana, cambié de opinión. No voy a hacer una guía, voy a hacer algo más difícil y hasta me atrevo a decir necesario: una lista de argumentos contra el veganismo, y obviamente, sus respectivos contraargumentos.

Hoy en día hacerse vegano, no es tan difícil. Hay muchísima información, nutricionistas, activistas y personas abocadas a ayudar a la gente a sumarse a esta ola libre de crueldad que lo hacen a través de consejos nutricionales, videos sobre cómo transicionar e información útil; mas no hay disponible tanta información sobre cómo formar una base de datos sólida, consistente y útil. Esto no solo es para que uno mismo cuente con esa información, sino para poder debatir o ayudar a que otras personas entiendan que el veganismo es algo clave en nuestra contemporaneidad urgente.

Así que, sin más preámbulos, aquí vamos con los diez argumentos más comunes en contra del veganismo y sus contraargumentos:

1.

«LA CARNE Y LOS LÁCTEOS SON NECESARIOS PARA SUBSISTIR.»

(O también podemos encontrarnos con derivados del estilo: «Una vez leí una noticia de un bebé que murió por ser vegano...», «La leche es necesaria para desarrollar los huesos, solo de ella podemos obtener calcio...», «Las proteínas se obtienen de la carne, no hay proteína completa en el mundo vegetal...», «Conozco un vegano que tuvo que volver a comer animales por orden del médico», etc.)

Antes que nada, me gustaría aclarar, por si quedan dudas, que no soy un fantasma escribiendo desde el inframundo... Sí, ¡soy vegana y estoy viva! Así que ya podemos descartar esa teoría de que si no ingerimos productos de origen animal, no podremos subsistir, ¿no creen? Además, conozco a muchos veganos y veganas de todas las edades y todos están vivos también.

Ahora sí, lo voy a aclarar porque me parece prudente:

No soy médica ni nutricionista, por lo cual no soy una experta en la salud y no voy a ahondar de forma profesional en estos temas porque no cuento con las herramientas y me parece lo más responsable.

Lógicamente, yo misma tuve que ir a una nutricionista especializada en alimentación *veggie* cuando me hice vegana, me la paso leyendo artículos, informes y demás sobre estos temas, y los datos son muy claros. La dieta vegana, si se lleva de forma balanceada y responsable (como cualquier otro estilo de alimentación), es ideal para cualquier etapa de la vida, niñez, adolescencia, adultez, vejez y embarazo.

Esto no lo digo yo, Connie, sino que lo dice la Organización Mundial de la Salud, entre otros organismos e instituciones mundiales e internacionales de la salud, además de la cantidad de estudios que demuestran que los lácteos y la carne no son ni tan sanos ni tan completos a nivel nutricional como nos dijeron durante años y nos siguen diciendo. En el reino vegetal podemos encontrar absolutamente todos los nutrientes que necesitamos para estar sanos y fuertes; a excepción de la vitamina B12, lo que me lleva a la siguiente excusa:

2.

«¡JAQUE MATE! ¡NO ES TAN COMPLETA LA DIETA VEGANA ENTONCES SI SE TIENEN QUE SUPLEMENTAR! SOLO EN LOS PRODUCTOS DE ORIGEN ANIMAL ENCONTRAMOS TODO, ¿VES?»

De hecho, no. La B12 no la producen ni los animales ni las plantas. Esta vitamina es sintetizada y producida por bacterias. Hace muchos muchos años el ser humano podía obtenerla de forma natural ingiriendo alimentos directamente de la tierra o bebiendo agua de arroyos, por ejemplo. Por desgracia, hoy contamos con pesticidas, cloro, químicos, agua contaminada y demás recursos para nada amigables con el medio ambiente y la naturaleza que el ser humano ha creado; y la vitamina B12 es cada vez más inaccesible. Los animales la sintetizan y producen en mayor cantidad debido a la producción microbiana de su flora intestinal y la obtienen al alimentarse del pasto, pero ¿adivinen qué? Vacas, cerdos, gallinas y demás animales de consumo humano ya casi no son alimentados de forma natural, sino que se los alimenta a base de balanceados u otros alimentos que —¡oh, sorpresa!— están fortificados con B12. Como conclusión, todos estamos tomando suplementos, a fin de cuentas. La única diferencia es que los veganos lo hacemos de forma directa y los omnívoros lo hacen a través de un intermediario que tuvo que ser suplementado y asesinado para llegar a su plato.

3.

«LOS ALIMENTOS VEGANOS SON MÁS CAROS.»

Esta afirmación sí que es un cliché. Antes que nada, me gustaría que hablemos de cómo preparar un plato equilibrado y cuáles son las bases de una alimentación vegana. Quiero aclarar que igualmente es muy necesario consultar con un nutricionista. Lo que escribiré a continuación no es un plan nutricional ni mucho menos.

Ahora sí, para obtener un plato vegano balanceado promedio debemos incluir un 50 % de vegetales (lechuga, tomate, brócoli, repollo, zanahoria, cebolla, etc.), un 25 % de carbohidratos (quinoa, arroz, pasta integral, cuscús, choclo, papa, etc.), un 25 % de proteína (legumbres, tofu, seitán, etc.) y además un extra de grasa de buena calidad (palta, frutos secos, semillas, aceite, etc.).

Como podrán ver, las bases de una alimentación vegana son realmente muy simples, básicas y económicas: vegetales, granos, cereales, legumbres y semillas. De hecho, si lo analizamos bien, son los alimentos más baratos y milenarios de todos. Sé lo que estás pensando:

¿Y los quesos de castañas?, ¿las pastas de avellanas?, ¿los yogures de coco y los helados con cacao puro?

Pues claro, esos sí que son más costosos, definitivamente, pero no son necesarios. Esto se aplica a cualquier dieta, por ejemplo, un consumidor de carne puede alimentarse a base de un corte de carne económico, con queso mozzarella y una fruta de postre; pero si por el contrario, opta por un queso brie, algún corte de carne más costoso y de postre un helado de chocolate suizo, también va a costarle mucho más dinero. Simplemente debemos contemplarlo con perspectiva para darnos cuenta de que todo depende de tus elecciones a la hora de ir de compras, ya que las bases de la dieta vegana, los alimentos necesarios, no son los procesados con precios elevados, sino los más básicos, naturales y económicos.

4.

«LA PLANTAS TAMBIÉN SIENTEN, ENTONCES LOS VEGANOS TAMPOCO DEBERÍAN COMERLAS, PUES LAS ESTÁN ASESINANDO.»

Vamos a evaluar esta excusa desde dos ángulos diferentes. El primero, y en mi opinión, más importante es el siguiente: según la Organización de las Naciones Unidas para la Agricultura y la Alimentación, la FAO, para producir solamente 1 kilo de carne, se necesitan 15.000 litros de agua y

7 kilos de granos, es decir, de plantas. Con esos 7 kilos se pueden alimentar de forma directa a mínimo diez personas, y ni hablar de la cantidad de agua... Más del 70 % de los cultivos de origen vegetal del mundo son destinados al engorde de ganado. Creo que ni hace falta hacer cuentas matemáticas para entender que al consumir carne estás «asesinando» muchas más plantas que si siguieras una alimentación basada en plantas. Así que, queridas personas que consumen carne pero velan desesperadamente por los derechos de las plantas: dejen de comer animales.

Si bien el primero es más que suficiente, vamos con el segundo: hay una gran diferencia entre vivir y sentir, dicho de un modo más formal, no es lo mismo el biocentrismo que el sensocentrismo. Las plantas son seres vivos, en eso estamos todos de acuerdo, sin embargo, no poseen sintiencia, es decir, la capacidad de sentir. Ellas reaccionan a estímulos, como el calor o la lluvia, pero al no poseer sistema nervioso, les es imposible sentir emociones como miedo, dolor, alegría o ansiedad. Por otro lado, los animales son seres vivos que sí poseen la capacidad de sentir y mucho.

> ## ¿ACASO ES LO MISMO ARRANCAR UNA PLANTA DEL SUELO QUE CORTARLE LA GARGANTA A UN CERDITO DE TRES MESES?

Creo que no hace falta que responda a esta pregunta.

5.

«PERO SI DEJAMOS DE COMER ANIMALES, VAN A SUPERPOBLAR LA TIERRA.»

Te cuento un secreto: la Tierra nunca estuvo tan superpoblada de vacas, gallinas, chanchos y demás como ahora (esto exceptuando los océanos, en donde los peces están sufriendo el efecto contrario).

> Hace años que la reproducción forzada y artificial de estos animales terrestres es cada vez mayor, debido a la creciente demanda de carne que responde al aumento constante de la cantidad de seres humanos que habitamos este planeta.

Si todo el mundo se hiciera vegano, lo único que sucedería sería que la presencia de estos animales se reduciría enormemente, ya que se reproducirían solo de forma natural, por ende esta teoría de la superpoblación no solo es imposible, sino que es del todo ilógica.

6.

«ASÍ FUNCIONA LA CADENA ALIMENTICIA, EL MÁS GRANDE SE COME AL MÁS DÉBIL.»

Claro que sí, esto es totalmente verdadero... si sos un león, un oso o un puma. De nuevo vamos a dividir la respuesta a esta excusa en dos.

Primero vamos a hablar de las diferencias anatómicas entre un carnívoro, un herbívoro y un ser humano. Los animales carnívoros poseen garras que les permiten capturar a sus presas, y de esa forma, cazarlas. Asimismo, poseen dientes delanteros afilados, no tienen molares planos y un desplazamiento vertical de su mandíbula. Su intestino equivale a tres veces el tamaño de su cuerpo, con el fin de eliminar la carne en descomposición más rápido, y además su estómago puede digerir carne cruda.

Los herbívoros y humanos, por otro lado, no poseemos garras ni colmillos afilados. Nuestros molares son planos y la mandíbula se desplaza vertical y horizontalmente para poder masticar —adivinen qué— plantas. Tanto en los herbívoros como en los humanos el intestino equivale a diez (en el caso de algunos herbívoros) o doce veces (otros herbívoros y humanos) el largo del cuerpo. Por último, nuestros ácidos estomacales son mucho más suaves que los de los carnívoros, porque se supone que no digerimos cadáveres.

Pasamos a la segunda parte. Supongamos que todo lo enumerado arriba no importara. Si comparamos brevemente la manera en que un depredador consume animales y cómo lo hacemos los seres humanos, sería ridículo seguir pensando que podemos compararnos con los leones y que realmente formamos parte de una cadena alimenticia. Lo voy a poner más claro: un león, por ejemplo, caza a su presa en un hábitat salvaje, clava sus garras, y con sus afilados dientes la asesina, luego la devora casi entera, fin. Los humanos hemos desarrollado un sistema muy similar (nótese la ironía): creamos nuevos hábitats, pero de cemento, donde reproducimos artificialmente y en masa animales, los engordamos con alimento balanceado, luego los subimos a un camión, los enviamos a un matadero, donde son asesinados con cuchillos u otras armas ajenas a nuestra anatomía. Luego, esos cadáveres son desmembrados y seccionados, porque, claro, qué asco comer el pelaje, los ojos, las garras... Más tarde son empaquetados en pequeños contenedores de Telgopor y plástico y trasladados a un supermercado, donde los humanos entramos caminando, agarramos ese contenedor, lo colocamos en un carro de compras, lo llevamos a la caja registradora y, a cambio, le damos al cajero un papelito llamado dinero, que nos permite hacer transacciones. Llevamos el paquetito a casa, lo cortamos, condimentamos y cocinamos.

COMO VERÁN, HAY UNA PEQUEÑA GRAN DIFERENCIA, ¿NO?

«DEBERÍAN PREOCUPARSE MÁS POR LOS HUMANOS, ANTES QUE POR LOS ANIMALES.»

Eso, justamente, es lo que estamos haciendo. La ganadería es una de las principales causas de la crisis climática que estamos viviendo, además de ser una de las principales responsables de la desigualdad alimenticia a nivel mundial. Según la FAO, la ganadería utiliza en la actualidad un 70 % de toda el agua del mundo, más del 70 % de la superficie agrícola y el 30 % de la superficie terrestre del planeta y es responsable del 18 % de las emisiones de gases de efecto invernadero, el 37 % de las emisiones de gas metano y el 65 % de emisiones del óxido nitroso.

Deforestación, degradación de suelos, picos de temperatura, subida de océanos, sequías, inundaciones, catástrofes climáticas, contaminación, y puedo seguir. Por supuesto, hay otros factores que colaboran con la crisis climática, pero la ganadería definitivamente es el principal.

¿Y saben quiénes resultamos afectados por toda esta actividad perjudicial? Los humanos. Y de todos los humanos, ¿quiénes son los primeros en sufrir estas consecuencias? Los que se encuentran en situación de vulnerabilidad. Aquellos que han sido expulsados forzosamente de sus zonas para poderlas deforestar, como es el caso de muchos pueblos originarios, aquellos que no tienen la posibilidad de mudarse si un desastre climático azota su pueblo, aquellos que viven en zonas rurales y contraen enfermedades crónicas debido a la contaminación del agua y los alimentos con pesticidas, excrementos, químicos, etc. Y esta brecha se profundiza aún más si hablamos de desigualdad alimenticia.

YA DIJE ANTERIORMENTE QUE PARA PRODUCIR 1 KILO DE CARNE SE NECESITAN 15.000 LITROS DE AGUA Y 7 KILOS DE GRANOS. HOY EN DÍA UTILIZAMOS TIERRA, AGUA Y ENERGÍA EN CANTIDADES SIDERALES PARA PRODUCIR A CAMBIO UN BAJÍSIMO PORCENTAJE DE LAS CALORÍAS MUNDIALES. SOLO IMAGINEN SI TODOS ESOS RECURSOS SE UTILIZARAN PARA ALIMENTAR Y NUTRIR A PERSONAS...

8.

«COMER CARNE ES ALGO ANCESTRAL/CULTURAL/ TRADICIONAL/LEGAL, ¿POR QUÉ HABRÍAMOS DE DEJAR DE HACERLO?»

Primordialmente, por todos los motivos que ya he enumerado. No obstante, analicemos un poco más esta cuestión que ronda alrededor de la legalidad o tradición. A lo largo de los años, y gracias al cielo, ha sucedido algo llamado «evolución», que en muchos casos es algo bueno y en otros casos ha devenido en consecuencias terribles. Hemos alcanzado un nivel de desarrollo tecnológico y de universalidad que hoy en día nos permite vivir de formas que antes eran impensables. Lo que antes era difícil y llevaba muchísimo tiempo, hoy es casi automático y hasta en muchos casos se puede realizar de formas más rápidas y sostenibles. Además, debemos entender que la moralidad y la legalidad son dos cosas diferentes. Que algo sea legal no lo transforma automáticamente en algo ético y, de hecho, hay muchas leyes vigentes hoy en día, alrededor del mundo, que no solo avalan actuar de maneras horribles e inmorales, sino que también nos impulsan a ello. Todo esto dentro de un marco legal.

Voy a citar algunos ejemplos para que se entienda mejor. Hace no muchos años era ilegal que las mujeres ejerciéramos nuestro derecho a votar, cosa que en ese entonces era totalmente lógica. Hoy en día es disparatado pensar en algo así. Hace menos años todavía era ilegal contraer matrimonio con una pareja de tu mismo sexo (y aun lo sigue siendo en varios países). En la actualidad ya ni se cuestionan este tipo de cosas y, cuando miramos al pasado y recordamos esto, nos sorprendemos horrorizados de que pudieran haber existido leyes tan arbitrarias y violentas. Por lo tanto, que hoy la legalidad avale reproducir forzosamente animales, explotarlos, maltratarlos, violentarlos y asesinarlos, no significa que esto sea moral, ético ni correcto.

Estoy segura –y somos muchos los que pensamos así– que en algunos años también vamos a mirar atrás, a toda esta cadena de explotación y violencia animal, ambiental y humana generada por la industria de productos de origen animal, y vamos a agarrarnos la cabeza con las manos y pensar cómo pudimos hacer esto. Cómo pudimos prestarnos a ser cómplices, y también víctimas, de un sistema tan violento y perjudicial.

9.

«LA INDUSTRIA DE PRODUCTOS DE ORIGEN ANIMAL GENERA MUCHOS PUESTOS DE TRABAJO; SI TODOS NOS HICIÉRAMOS VEGANOS, MILLONES DE PERSONAS QUEDARÍAN DESEMPLEADAS.»

Esta es la más compleja de todas y, si tengo que serles sincera, no tengo una respuesta tan certera y concreta como para todas las otras excusas. Es una realidad que un altísimo porcentaje de personas a nivel mundial viven de la industria cárnica, avícola, láctea y demás. Es verdad que, si todos nos hiciéramos veganos de la noche a la mañana, la economía colapsaría y millones de personas y familias dejarían de tener un sustento económico para subsistir.

Pero les cuento algo: primero, es prácticamente imposible que el mundo entero se haga vegano en un día, en un mes, en un año y hasta me atrevo a decir en diez años. Estos procesos llevan muchísimo tiempo, y eso me da el pie para lo segundo. Hace ya unos pocos pero valiosos años, ha habido fábricas e industrias enormes productoras de lácteos, por ejemplo, que, debido a la baja demanda, decidieron virar hacia la producción de leches vegetales y productos veganos. Sin embargo, sabemos que esto no es algo fácil, rápido ni económico. Hay empresas que tienen el poder adquisitivo, la infraestructura y la logística para realizar estos cambios de forma independiente y privada, pero otras personas o productores más pequeños no. Por eso los gobiernos deben empezar a tomar acción e implementar medidas para dar las herramientas y el apoyo a estos productores, con el fin de que el cambio de alimentación que estamos viviendo como sociedad no les caiga encima de golpe y los deje sin alternativas, como ya está sucediendo en algunos lugares.

Por último, me gustaría aclarar, aunque parezca innecesario, que independientemente de que seamos omnívoros, vegetarianos o veganos, necesitamos alimentarnos, ya sea de legumbres, de quesos o de carne, en consecuencia, siempre vamos a necesitar que haya empresas, fábricas o productores independientes que provean al mundo de alimentos. Desde este punto de vista, es indistinto cuál sea el alimento, siempre vamos a necesitar comida, provenga de donde provenga.

10.

«ES DIFÍCIL SER VEGANO.»

Solo tengo una cosa para decir: mucho —muchísimo— más difícil es ser animal. Hemos llegado al fin de las típicas excusas, aunque sabemos que la lista es infinita y que la pereza, paradójicamente, incita a la creatividad a la hora de inventar justificaciones para seguir comiendo animales y derivados.

Antes de despedirme, me gustaría dejarlos con una frase de una mujer maravillosa, Rosa Luxemburgo, e invitarlos a la reflexión:

«QUIEN NO SE MUEVE, NO SIENTE LAS CADENAS».

Vivimos en un mundo que constantemente nos anestesia y, si no lo hace, encuentra alguna otra forma de mantenernos en un estado de felicidad o libertad controlada, que no es más que una mera ilusión.

Nosotros nos creemos libres, nosotros creemos que forjamos nuestro propio destino, nosotros creemos que elegimos qué hacemos y qué comemos... Pero ¿hasta qué punto somos realmente libres? ¿Hasta qué punto elegimos de forma independiente qué comer, qué vestir, cómo actuar y cómo vivir?

ES MOMENTO DE HACER LA CONEXIÓN.

ES MOMENTO DE DESPERTAR.

ES MOMENTO DE ACTUAR.

Somos la primera generación en sentir el cambio climático y la última que puede hacer algo al respecto. Entonces, te digo, a vos: ¿a qué estás esperando? Cada día cuenta.

Deja a los ANIMALES FUERA DE tu plato

LA PRODUCCIÓN DE ALIMENTOS DE ORIGEN ANIMAL ES UNA DE LAS PRINCIPALES CAUSAS DE DEFORESTACIÓN Y EXTINCIÓN DE ESPECIES SILVESTRES, Y GENERA ENORMES CANTIDADES DE GASES DE EFECTO INVERNADERO. COMO SI ESO FUERA POCO, ES HORRIBLEMENTE CRUEL CON LOS ANIMALES. ¡COME MÁS PLANTAS! Y LLEVA A LOS ANIMALES EN TU CORAZÓN.

3

MONICA ROSQUILLAS

MANIFIESTO POR EL TURISMO SOSTENIBLE

CUANDO ME PONGO A PENSAR
EN EL PLANETA TIERRA,
LO PRIMERO QUE ME VIENE A LA MENTE
ES LO MARAVILLOSO, BELLO
Y EXTRAORDINARIO QUE ES.
¡SON TANTOS LOS PAISAJES HERMOSOS QUE
HABITAMOS LOS MILLONES DE ESPECIES
QUE LO COMPARTIMOS!

También pienso en todo lo que hemos hecho nosotros, los seres humanos. Las ciudades que hemos construido a lo largo de miles de años, unas que aún existen y con el tiempo van creciendo, y otras de las que tan solo quedan rastros. Sin duda, uno de los motivos por el cual viajamos es para poder ver estos lugares con nuestros propios ojos y que nadie nos lo cuente.

> Viajamos para conocer estos lugares maravillosos sin darnos cuenta de que ese mismo viaje, el modo en que nos transportamos a esos sitios, lo que hacemos cuando estamos allá y la manera en que gastamos nuestro dinero están poniendo en peligro al mismo sitio que queremos disfrutar. Es un turismo insostenible el cual requiere un giro hacia la sostenibilidad.

Para mí, el turismo sostenible asegura no solo que las futuras generaciones puedan conocer estos lugares antes de que desaparezcan —como es el caso de glaciares, cascadas y arrecifes—, sino también que se minimice el impacto sobre el medio ambiente y la cultura local, así como que mejoren las condiciones de las poblaciones locales.

SEGÚN LA ORGANIZACIÓN MUNDIAL DEL TURISMO, EL NÚMERO DE PERSONAS QUE HA VIAJADO A OTROS PAÍSES SE HA INCREMENTADO EN PROMEDIO UN 4,2 % CADA AÑO DURANTE LOS ÚLTIMOS DIEZ AÑOS, LO CUAL MARCA LO IMPORTANTE QUE ES EL TURISMO SOSTENIBLE.

Por supuesto, viajar de forma insostenible no es algo que hacemos de manera intencional, simplemente lo hacemos porque no conocemos otra alternativa. Una muy buena noticia es que cada vez se está creando más conciencia sobre el impacto del turismo y existen muchas opciones para todos los que queremos minimizar nuestra huella y aportar algo positivo al planeta, incluso cuando viajamos.

Viajar de manera sostenible requiere un poco más de planeación, hacer unos cuantos cambios al elegir la conservación y no la conveniencia. Pero estos sacrificios, que solo son sacrificios si así lo quieres ver, valen muchísimo la pena, ya que tenemos todo que perder y mucho que ganar.

A MÍ, VIAJAR, COMO MUCHAS
OTRAS EXPERIENCIAS IMPORTANTES
QUE UNO VIVE, SEGURAMENTE
ME CAMBIÓ LA VIDA Y, SIN DUDA, LO HIZO
DE UNA MANERA POSITIVA. NO SOLO
POR EL HECHO DE CONOCER LUGARES
DISTINTOS Y NUEVOS, SINO POR LOS RETOS
QUE ENFRENTÉ AL VIAJAR. ESAS
EXPERIENCIAS ME OBLIGARON A CRECER
Y A REFLEXIONAR SOBRE MIS PROPIOS
PRIVILEGIOS Y CREENCIAS.

A diferencia de mi hermana, no cuento con muy buena memoria y tengo pocos recuerdos puntuales de mi niñez, pero sí recuerdo los viajes que hicimos en familia mis padres, mi hermana y yo. Aunque en dos ocasiones viajamos lejos, o sea, en avión, solíamos hacer muchos viajes a la montaña, lo cual cultivó en mí el amor a la naturaleza. Sin embargo, en dos ocasiones fuimos de vacaciones al sur de México, lo cual fue algo muy emocionante y especial. Tengo el recuerdo de cuando tenía más o menos diez años y bajé unos escalones húmedos y resbalosos hacia un cuarto oscuro donde se encontraba la tumba de un rey maya, en la antigua ciudad de Palenque, que se encuentra en el ahora estado de Chiapas. A los once, viajamos a la Riviera Maya, un área del Caribe mexicano que cuenta con muchas bellezas naturales y también es el sitio de las antiguas ciudades mayas. En estas vacaciones nadé en cenotes de agua dulce y clara, y mi hermana pequeña, mi madre y yo nos aventuramos por la jungla de la ciudad maya de Cobá, guiadas por el aventurero de mi padre. Seguramente, estas experiencias ayudaron a que me convirtiera en la persona que soy hoy en día.

Cuando tenía veinticuatro años, y sin haber vivido jamás fuera de casa, acepté un trabajo en Corea del Sur con contrato de un año. Sin saber una sola palabra de coreano y sin conocer a una sola persona allí, hice el largo viaje desde San Diego, California, hasta la ciudad de Suwon, al sur de Seúl. La experiencia de vivir en un país al otro lado del mundo, con unas tradiciones y una cultura tan distintas a la mía me encantó. Todo era nuevo y no me alcanzaban los fines de semana para salir a recorrer y conocer otros pueblos, parques nacionales y palacios antiguos.

Desde entonces, a lo largo de los años, he hecho muchos otros viajes: con mis amigas, con mi familia, con mi pareja, y hasta yo sola, que quizá sea mi manera favorita de viajar. Y pretendo seguir viajando el resto de mi vida. Estos viajes que menciono los hice pensando en las experiencias que podría adquirir.

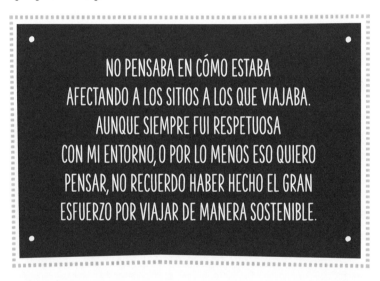

NO PENSABA EN CÓMO ESTABA AFECTANDO A LOS SITIOS A LOS QUE VIAJABA. AUNQUE SIEMPRE FUI RESPETUOSA CON MI ENTORNO, O POR LO MENOS ESO QUIERO PENSAR, NO RECUERDO HABER HECHO EL GRAN ESFUERZO POR VIAJAR DE MANERA SOSTENIBLE.

Ni siquiera era algo que se me cruzara por la mente. A pesar de que siempre me he considerado amante del planeta y del medio ambiente, mi amor y mi compromiso no iban más allá de usar una botella y una bolsa reutilizable. Hoy en día tengo esas mismas ganas de viajar, de conocer otros países y paisajes, y de ver cómo los humanos somos tan diferentes y tan similares al mismo tiempo. Solo que ahora, sabiendo que puedo viajar de manera sostenible, elijo hacerlo así.

TRANSICIÓN AL TURISMO SOSTENIBLE

En 2014 mi vida cambió por completo. Fue cuando empecé a cuestionar mis hábitos y a reflexionar sobre mi impacto en el planeta. Caí en la cuenta de la cantidad enorme de basura que estamos generando y de cómo los océanos y los animales que los habitan se están muriendo a causa del plástico.

En ese entonces yo trabajaba como educadora ambiental en una organización ambientalista en San Diego, California. Todas las semanas visitaba colegios y hacía presentaciones a grupos de estudiantes a los que les explicaba que cada día generamos casi 2 kilos de basura. En la presentación que exponía con más frecuencia, hablaba de las aves llamadas albatros, que migran a la pequeña isla de Midway en medio del océano Pacífico, una isla donde no viven personas, pero sí llegan toneladas de nuestros residuos plásticos como cepillos de dientes y mecheros. Les explicaba que estas aves confunden el plástico con peces, se lo comen, se lo dan de comer a sus hijos y mueren con un estómago lleno de plástico. Tras estudiar estos temas de la basura y el plástico con todo detalle, y tras repetir esta información semana tras semana a grupos de estudiantes, me di cuenta de que yo también estaba contribuyendo al problema y decidí cambiar de manera drástica mi manera de consumir.

Fue entonces cuando adopté un estilo de vida *zero waste* o residuo cero.

El estilo de vida residuo cero intenta disminuir
la cantidad de residuos que una persona genera.
Ya que vivimos en una economía lineal,
es casi imposible llegar al cero, pero la idea
es reducir lo máximo posible.

Esto se hace rechazando, reutilizando, reciclando y, más que nada, cambiando la manera en que consumimos.

Poco a poco fui cambiando mis hábitos de consumo. Empecé a comprar comida a granel no procesada y sin bolsas de plástico. Descubrí las tiendas de ropa de segunda mano y solo compraba lo que necesitaba. Cambié mi cepillo de dientes por uno de bambú y mi botella de plástico de champú por una pastilla sólida sin envase. Empecé a preguntarme a mí misma «¿lo necesito?» antes de comprar algo y, como la mayoría de las veces la respuesta era «no», así también logré reducir bastante mi huella ecológica, dejando de comprar cosas.

Estaba tan motivada y entusiasmada con este estilo de vida que en unos pocos meses logré reducir drásticamente la cantidad de basura que generaba. Para aquel entonces me sentía como una ecoguerrera, ¡capaz de evitar los residuos donde fuera y cuando fuera! Vivía mi día a día rechazando plásticos de un solo uso, alimentando a mis lombrices con mis residuos orgánicos para evitar mandarlos al vertedero y preparando comidas en casa con ingredientes comprados a granel y verduras frescas sin bolsa. Esta manera de vivir se había vuelto de lo más normal para mí.

Al tiempo de adoptar este estilo de vida, tal vez al año, conocí a Fernando (mi ahora marido), quien me invitó a acompañarlo a un viaje por Asia del Sur por un tiempo indefinido. Aunque, como ya he dicho, me encanta viajar, dejar un trabajo donde apenas llevaba seis meses para ir a viajar por un periodo de tiempo indefinido me parecía ¡una locura! Pero al final eso fue lo que terminé haciendo. A finales de 2015, empecé a prepararlo todo para comenzar un viaje con muchas incertidumbres. Teníamos muchas ideas de lugares que queríamos conocer y cosas que queríamos hacer, pero lo único que sabíamos con certeza era que el viaje comenzaría en Bangkok y que lo haríamos de manera *zero waste*.

Justo en aquellos meses que yo me estaba preparando para el largo viaje, se publicó un estudio[1] donde se identificaron a cinco países asiáticos como los responsables del 60 % de la contaminación de plásticos en el océano. Además de que la información se me hizo muy interesante, en ese momento fue muy relevante para mí, ya que probablemente viajaría a tres o cuatro de esos países. Todo esto pasó en el otoño de 2015, yo ya llevaba bastante tiempo rechazando el plástico de un solo uso, y

1. McKinsey Center for Business and Environment y Ocean Conservacy, «Stemming the Tide: Land-based strategies for a plastic free ocean», septiembre de 2015, <https://www.mckinsey.com/~/media/McKinsey/Business%20Functions/Sustainability/Our%20Insights/Stemming%20the%20tide/Stemming%20the%20tide%20Land%20based%20strategies%20for%20a%20plastic%20free%20ocean.ashx>.

no solo porque me iba de viaje lo iba a dejar de hacer. Mucho menos sabiendo que el plástico que yo usaría mientras viajaba posiblemente terminaría en el mar como indicaba el estudio.

> ESTAS CIFRAS ME MOTIVARON Y ME CONVENCIERON DE QUE MI META MÁS IMPORTANTE DURANTE ESTE VIAJE SERÍA EVITAR EL USO DE LOS PLÁSTICOS DESECHABLES. LO HICE DURANTE EL VIAJE DE OCHOS MESES Y ¡FUE UN GRANDÍSIMO RETO!

Les platico un poco sobre la planeación de este viaje, ya que, para lograr viajar de manera sostenible, y en este caso sin usar plásticos, es imprescindible planearlo un poco. La idea era que iríamos con mochila y haríamos algunos proyectos de voluntariado, lo que implicaba que no siempre lo controlaría todo. Yo recién había terminado un curso de diseño de permacultura que fue bastante teórico y quería adquirir un poco más de experiencia con proyectos reales, de los cuales hay bastantes en Asia. Además, haciendo estos voluntariados podríamos ahorrar dinero y alargar el viaje, ya que funcionan como un intercambio: a cambio de vein-

te o veinticinco horas de trabajo a la semana, te ofrecen comida y aloja-
miento. También podría aprender más sobre la permacultura y, en cierto
modo, contribuir de manera positiva a los lugares que visitaríamos, ya
que la permacultura ayuda a regenerar los ecosistemas naturales.

En ese entonces yo estaba bastante concienciada (hasta se podría
decir obsesionada) con el residuo cero. Lo sigo estando, pero ahora
soy un poco más tolerante en cuanto a lo que consumo y no me centro
en la perfección. Esa etapa de obsesión creo que es algo muy común
cuando una persona descubre algo que le cambia la vida.

> Estaba tan comprometida con el residuo cero
> que no quería comprar nada nuevo para el viaje, y mucho
> menos algo que fuera producido de manera insostenible.
> Llevaría todo en una mochila de 37 litros, así que
> para empezar no cabían muchas cosas.

Mi meta era conseguir todo de segunda mano, ya fuera prestado o
comprado en una tienda específica o en línea. Al final logré comprar
algunas cosas de segunda mano, algunos amigos me dieron otras y, por
falta de oferta, tuve que adquirir algunas cosas nuevas. Dentro de mi
mochila llevaba algo de ropa, un saco de dormir, trajes de baño, una
toalla, zapatos y, por supuesto, mis herramientas de residuo cero. Para
poder cumplir con la meta de rechazar el plástico hice lo siguiente:

→ Preparé todas mis herramientas, o sea, mis botellas, bolsas, utensilios y fiambreras reutilizables. Era imprescindible que las llevara conmigo.

→ Estuve bastante tiempo planeando qué llevar y comparando diferentes productos, ya que pensaba que lo más probable fuera que allá no los encontrara (aunque en eso estaba equivocada).

→ También indagué un poco acerca de lo que haría cuando estuviera allá. No tendría caso llevar algo hasta Bangkok para no utilizarlo y solo agregarle peso innecesario a la mochila.

Al final, todo lo que llevé me funcionó muy bien y me ayudó a rechazar los plásticos de un solo uso y otros residuos. También debo mencionar que hacer voluntariados en proyectos sostenibles que comparten mis valores me ayudó bastante a lograr mi meta de viajar de manera residuo cero.

CÓMO REDUCIR LOS RESIDUOS AL VIAJAR

Durante muchos viajes, algo que jamás me cruzó por la mente, fueron los residuos que yo dejaba en los sitios que visitaba. Compraba agua embotellada, bolsas de chips y tomaba bebidas con pajitas que, por supuesto, no me llevaba conmigo en la maleta de vuelta. Supongo que me confiaba en que esos residuos se gestionarían de una manera adecuada y no contribuirían a la contaminación. Ahora que ya tengo un poco más de conocimientos, he cambiado mis hábitos para generar menos residuos, incluso cuando viajo.

> Muchos países no cuentan con la infraestructura para gestionar los residuos. Pero esto no significa que generen más basura, al contrario, normalmente generan menos basura por persona que en países desarrollados.

En Estados Unidos, cada persona genera 1,9 kilos de basura el día; en Cataluña se generan 1,4 kilos, y en países como Indonesia la cifra es mucho menor. Puede ser que estos lugares no cuenten con un camión recolector y por eso la basura es tan visible y nos da la sensación de que hay más basura. Una de las razones por la cual quiero reducir la cantidad de basura que genero cuando viajo es que, como turista, me considero un huésped. Y, como buen huésped, no debería dejar mi fuente de contaminación. Si la dejo, convierto mi basura en un problema para los locales. Además, sigue siendo basura, y no importa si la genero aquí, en Perú o en China, contamina igual.

En el viaje que hice a Asia, fuimos un templo muy popular que frecuentan muchos turistas a las afueras de la ciudad de Chiang Mai. Visitamos el templo y noté que había muchos vendedores de bebidas embotelladas y comida empaquetada. Al terminar el paseo por el templo, nos subimos a la moto y comenzamos a bajar la montaña de vuelta a la ciudad. Justo al lado de la carretera, ya un poco alejados del templo, vi la montaña de basura compuesta de todas las botellas y envases de los productos que compramos nosotros, los turistas. El monte de basura estaba recién quemado, contaminando el aire y nuestros pulmones.

En el mejor de los casos, visito un país que cuenta con una buena gestión de residuos. Tan buena que incluso tienen gestión de residuos orgánicos para convertirlos en compost. En el peor de los casos, visito un país que, por estar en desarrollo, por tener una población creciente y por el uso excesivo del plástico, no tiene la capacidad de gestionar sus residuos, y mucho menos los residuos que dejan los turistas. En esos casos pueden pasar muchas cosas. La basura puede terminar en un vertedero al aire libre, donde personas sin ningún tipo de protección pasan sus días separando esos residuos, tratando de salvar aquellos materiales que tienen un valor económico. O podría ser que, para deshacerse de los residuos, los quemen.

Quemar la basura es algo que se ha hecho siempre y que es bastante común en muchas partes del mundo, aunque para otras personas más privilegiadas es algo completamente asombroso. A mí me tocó crecer en la frontera de México y Estados Unidos, lo cual fue una experiencia única, ya que pude ver qué tan diferentes pueden ser dos países, aunque estén uno justo al lado del otro.

> EN ESTADOS UNIDOS LA BASURA SE RECOLECTA Y NO LA VUELVES A VER JAMÁS; EN MÉXICO, ES OTRA HISTORIA. AUNQUE POR SUPUESTO EXISTE LA RECOLECCIÓN DE BASURA QUE LA LLEVA AL VERTEDERO, EL CAMIÓN NO LLEGA A TODAS PARTES, ASÍ QUE ALGUNAS PERSONAS QUEMAN SU BASURA.

Cuando yo era niña recuerdo que era muy común ver el humo a lo lejos, eso indicaba que alguien estaba quemando basura. Como ahora muchos envases están hechos de plástico, cuando este se quema, contamina el aire que respiramos.

Para viajar de manera sostenible debemos generar la menor cantidad de basura, pongámoslo como una cortesía a nuestro anfitrión.

CONSEJOS PRÁCTICOS
PARA VIAJAR SIN RESIDUOS

Muchas personas que viven un estilo de vida residuo cero te dirán que la mejor manera de evitar generar residuos es estar preparado. De hecho, estar preparado es también la clave para reducirlos, ya sea en tu ciudad o cuando estás de viaje.

> Parte de estar preparados es llevar algunos productos reutilizables que faciliten el rechazo de los productos desechables. Pero qué llevamos depende mucho del destino, por eso hay que planear un poco y anticipar qué vamos a necesitar.

Por ejemplo, los productos que usé cuando viajé por Asia son distintos a los que usé cuando viajé en furgoneta por el norte de España, ya que tenía diferentes necesidades. No hay una solución o un kit que se aplique a todos los viajeros.

Si vas a Estados Unidos y tomas café, es imprescindible llevar un termo para el café, ya que en cualquier cafetería lo más probable es que te sirvan la bebida en un vaso de papel desechable con tapadera de plástico, aunque lo vayas a beber ahí mismo. Si vas a Tailandia, donde los mercados de comida nocturnos son muy populares, te recomendaría llevar una fiambrera y unos cubiertos para evitar comprar arroz frito y fideos en porexpán y evitar el tenedor desechable. ¿Te quedarás en un departamento y te cocinarás tu propia comida? Entonces te recomiendo llevar bolsas de tela para comprar fruta, verduras, granos y legumbres a granel. También se puede ser muy ingenioso. Por ejemplo, el bote de vidrio con salsa de tomate que compraste para preparar la cena en tu departamento alquilado se puede reutilizar para guardar las sobras del restaurante, o incluso como vaso si quieres comprar un jugo de fruta o un helado en Latinoamérica.

NO OLVIDES LLEVAR
UNA BOTELLA DE AGUA
PARA EVITAR COMPRAR DECENAS
DE BOTELLAS DE PLÁSTICO.

En países donde el agua del grifo no es potable, no solo tienes la opción de comprar botellas individuales, sino que existen otras alternativas:

→ Puedes rellenarla de botes grandes de agua filtrada que encuentras en restaurantes o la recepción del hotel. En Asia hay máquinas que venden agua filtrada, en México hay purificadoras de agua donde igual puedes comprar agua potable que viertes en tu propia botella. Acostúmbrate a llenar la botella si se te presenta la oportunidad, no solo cuando tengas sed, y así estarás preparado y tendrás agua cuando la necesites.

→ Otra opción es llevar un filtro, hay muchos tipos diferentes a la venta. La salud es muy importante, especialmente si viajas a un país donde el agua del grifo no es potable. En estos casos la salud es siempre prioridad indiscutible. No tiene caso ahorrar una botella de plástico si el agua que estás tomando te termina enfermando. Si te enfermas y tienes que comprar medicamentos o incluso ir al doctor o al hospital, no solo pasarás un muy mal rato, también terminarás usando más plástico del que intentaste evitar. Tampoco se trata de hacerlo en plan o todo o nada.

¿Qué pasa si no quieres bolsa o pajita, pero no te puedes comunicar porqué no hablas el idioma? A mí lo que me ha funcionado muy bien es siempre hacer contacto visual a los ojos, sonreír y usar mucho las manos para tratar de comunicar lo que quiero. Así es más probable que te puedas dar a entender. No todos hablamos el mismo idioma, pero muchas veces nos podemos entender incluso sin hablar, y la sonrisa cuenta mucho.

Al ir a comprar algo, ya sea fruta, pan o una bebida, elige negocios pequeños en vez de grandes supermercados o grandes cadenas de restaurantes. En estos sitios es más probable que puedas utilizar tu bolsa de tela o que te dejen usar tu vaso o termo. Además, estos comercios suelen desperdiciar menos alimentos, lo cual es un gravísimo problema a nivel mundial ya que, según la ONU, el 30 % de los alimentos se desperdician, lo cual equivale al 8 % de las emisiones globales de CO_2.

Para evitar los productos de un solo uso en los hoteles —como las botellas pequeñas de champú, acondicionador y jabón que te ofrecen—, puedes llevar estos productos de forma sólida, ya que tienen menos envases, son pequeños y pesan poco. Tampoco descartes reutilizar las botellas que ya tienes en casa para tu viaje, no hace falta comprar productos tamaño viaje.

Por último, investiga un poco sobre la gestión de residuos en el lugar que visitas. Así podrás saber en qué contenedor dejar tus residuos y ayudar a que la ciudad se aproxime al residuo cero. Si no encuentras información en línea, pregunta en tu hotel o a las personas locales.

MODOS DE TRANSPORTE

La decisión más sostenible que podemos hacer al viajar es evitar los aviones y los cruceros y optar por modos de transporte con menos impacto como los trenes y los autobuses. Coger un avión nos ha permitido viajar al otro lado del mundo de manera segura y muy rápida, pero por la comodidad, rapidez y facilidad que nos aporta, no vale la pena el daño irreparable que estamos causando al planeta. Aunque las emisiones de la industria de la aviación son pocas en comparación con otras, continúan creciendo. Además, viajar en avión es un privilegio del que solo un porcentaje muy pequeño de la población puede gozar.

Según la organización Stay Grounded, solamente el 10 % de la población mundial se ha subido a un avión. ¡Solamente el 10 %! Las personas que tenemos el privilegio de viajar en avión también somos quienes tenemos el privilegio de no sufrir los efectos del cambio climático todavía.

Las personas que no tienen el privilegio de viajar, que jamás en su vida se subirán a un avión, esas son quienes hoy en día sufren a causa de, entre otras cosas, nuestro estilo de vida y el uso de combustibles fósiles. Viajar en avión no solo emite toneladas de CO_2, también contribuye a conflictos ambientales causados por la construcción de nuevos aeropuertos y la contaminación del ruido.

Por estas razones, activistas del cambio climático como Greta Thunberg han dejado de volar en avión y optan por usar otros métodos de transporte. No solo reducen su propia huella ecológica, sino que esto ayuda a crear conciencia sobre el impacto de los vuelos. En Suecia se ha empezado a usar el término *flygskam* («la vergüenza de volar»), ya que muchas personas eligen el tren para no ser juzgados por volar o porque no quieren sentir la culpa de viajar en avión.

Como turistas, podemos hacer mucho para evitar los aviones. Po-demos viajar en tren, que además de producir menos emisiones, es un viaje agradable. Podemos elegir viajar a destinos cercanos. Viajar al extranjero tiene muchos beneficios, pero también viajar en nuestro en-torno nos puede aportar mucho y muchos de nosotros no solemos valo-rar lo que tenemos cerca. Yo soy de California, un estado que cuenta con parques nacionales mundialmente famosos como Yosemite y Sequoia. Lo curioso es que millones de turistas internacionales visitan estos par-ques cada año mientras muchos californianos no han ido nunca y optan por viajar a otros lugares lejanos. Yo fui por primera vez a Yosemite cuando tenía veintiocho años y a Sequoia cuando tenía treinta y tres. A los treinta y uno fui al Gran Cañón por primera vez, que queda a tan solo ocho horas en coche de donde vivía. Me asombré con la cantidad de turistas internacionales que vi. ¿Por qué será que valoramos más lo que nos queda lejos?

Cuando recién me vine a vivir a Cataluña, mi pareja y yo compramos una furgoneta y nos dedicamos a viajar por el norte de España. Tenía-mos cuatro meses libres y queríamos visitar Portugal, Francia, y quizá hasta Suiza, pero con tanta cosa bonita que veíamos en España no nos alcanzó el tiempo. Viajamos por la Costa da Morte de Galicia, los Pi-cos de Europa en Asturias, visitamos las cuevas rupestres de Canta-bria, los pueblos pesqueros de Euskadi, los Pirineos aragoneses y el parque de Aigüestortes, en Cataluña. Fue una experiencia inolvidable y todo lo hicimos sin volar y viajando de manera lenta y sostenible.

El punto es que, para viajar, no se necesita volar.

SEGÚN LA ORGANIZACIÓN MUNDIAL DEL TURISMO, EL 51% DE LOS VIAJES INTERNACIONALES SE REALIZAN A EUROPA, UN CONTINENTE QUE CUENTA CON UN SISTEMA FERROVIAL EXTENSIVO.

Para los turistas que vienen a Europa o para los mismos europeos, es muy tentador comprar un vuelo barato en vez de viajar en tren. Y más, ya que los vuelos son muy baratos. Pero hay que recordar que ese precio barato es artificial y no refleja el verdadero precio que vamos a pagar. Por eso es mejor viajar en tren cuando se pueda.

ALOJAMIENTO

De las mejores experiencias que he tenido en viajes han sido cuando me he alojado en hoteles sostenibles. Por ejemplo, en el Bali Eco Stay se utiliza el agua de la lluvia para los baños, y esa agua después es reintroducida a las plantas del jardín. Los jabones son naturales y a granel. El restaurante sirve platillos elaborados con ingredientes de temporada, de proximidad y ecológicos. El mismo hotel fue construido de manera respetuosa con su entorno y a los alrededores se cultiva arroz ecológico.

El *bed and breakfast* Terra del valle en el Valle de Guadalupe, México, fue construido con materiales naturales. Elaboran sus propios productos como el vino, las aceitunas y los cítricos de su propio huerto. Los residuos orgánicos se convierten en compost y la energía proviene de fuentes renovables.

Estos dos alojamientos son ejemplos de opciones sostenibles, ya que actúan a favor del medio ambiente. Al elegir dónde hospedarnos, podemos considerar las opciones sostenibles:

- el uso de la energía,
- la gestión de residuos,
- el uso de desechables y
- las medidas que toman para reducir su impacto.

Si resulta difícil alojarnos en un hotel sostenible, o está fuera de nuestro presupuesto, habría que por lo menos elegir las opciones menos dañinas.

¿QUÉ COMER CUANDO ESTAMOS DE VIAJE?

La ONU califica una dieta basada en plantas como uno de los cambios más importantes y necesarios que debemos hacer para combatir el cambio climático. Reducir o eliminar el consumo de carnes y otros productos de origen animal reduce las emisiones, la deforestación, y la contaminación a nivel mundial.

Esto no solo se aplica al día a día, si no también cuando viajamos.

Una muy buena noticia es que cada vez hay más opciones veganas en restaurantes y cada vez hay más restaurantes veganos. En ciudades que reciben grandes cantidades de turistas como Nueva York, París y Barcelona, existen decenas de restaurantes veganos que se han hecho muy populares. En otras ciudades puede ser un reto más grande encontrar alguna opción, pero la aplicación Happy Cow es excelente: tiene listas de los restaurantes con opciones veganas en muchas ciudades del mundo. En países como la India o Malasia, encontrarás muchas opciones ya que mucha gente es vegetariana.

Cada vez es más fácil comer de manera sostenible en todo el mundo. Algo que hay que tomar en cuenta es que incluso las frutas y verduras tienen una huella ecológica. Si están fuera de temporada y son importadas desde lejos, la huella puede ser más alta. Así que, comiendo productos de temporada y de proximidad, también podemos reducir nuestra huella ecológica.

UNO DE LOS ATRACTIVOS DE VIAJAR ES PODER PROBAR COMIDAS NUEVAS Y EXÓTICAS, Y ESTAR EN UN SITIO NUEVO ES UNA MUY BUENA OPORTUNIDAD PARA COMER ALGO DE PROXIMIDAD QUE NORMALMENTE NO LO SERÍA.

Por ejemplo, cuando estuve en Malasia probé por primera vez el durián, llamado el rey de las frutas. Es una fruta que crece solo durante un periodo de tiempo del año y solamente en Malasia y Tailandia. No tendría sentido comprarlo en Barcelona, pero allá sí. A muchas personas les apetece probar los platillos locales, y la comida local es algo que influye mucho en el turismo.

Aunque muchos platillos contienen carne, también hay muchos que son a base de plantas. En España, por ejemplo, están los pimientos del padrón y las patatas bravas; en México el maíz, el frijol y el huitlacoche; en Indonesia, el tempeh, y en Japón, el tofu. Además de que cada vez es más fácil encontrar versiones veganas de comidas tradicionales y así no te pierdes la oportunidad de conocer parte de la cultura de un país, que es su gastronomía. Si consumes productos de origen animal, opta por consumir productos locales y sostenibles de pequeños productores.

CÓMO NO CONTRIBUIR AL ABUSO ANIMAL

Los animales tienen un valor innato y deben respetarse, no son menos que los humanos. Si viajas a un sitio donde los animales son explotados para el beneficio de algunas personas, no contribuyas a esa explotación. No pagues por nadar con delfines enjaulados que son obligados a interactuar con personas. Estos merecen ser libres y, cuando pagamos por estas experiencias, les estamos robando su libertad y fomentando la captura de estos animales salvajes. Tampoco pagues por subir a elefantes. Muchas veces son acosados y golpeados y, cuando pagamos por esa experiencia, estamos fomentándola. Existen otras maneras de interactuar con estos bellos animales. Por ejemplo, puedes visitar un santuario donde se les permite vivir en paz.

> Tu dinero puede usarse para ayudar
> en vez de dañar a estos animales.

Algo muy importante que debemos tomar en cuenta es que desgraciadamente no todo es lo que parece y hay que asegurarse de que la organización que estemos apoyando con nuestro tiempo y dinero en verdad siga los valores que promueve. Para eso debemos investigar un poco y usar nuestro criterio.

Tampoco pagues por tomarte fotos con monos, aves, tigres o murciélagos. Cuando visites parques naturales o estés en la naturaleza y te encuentres con animales salvajes, ya sean tortugas marinas, tiburones ballena o venados, respeta su espacio. Si vas a la playa, deja las conchas para que otros animales puedan usarlas como protección y para que, eventualmente, se conviertan en arena.

TEMAS SOCIALES

Por último, el turismo sostenible también toma en cuenta los impactos sociales. Siempre hay que ser respetuosos hacia la gente y la cultura del sitio que estamos visitando, no pretender imponer nuestras ideas, ni asumir que nuestra manera de hacer las cosas es la correcta.

Como turistas, podemos ayudar al desarrollo local comprando artesanías a precios justos en vez de recuerdos de mala calidad hechos en fábricas. Al consumir en comercios locales, el dinero se queda en manos de los locales y no va a empresas que explotan a sus empleados y el medio ambiente.

¡Bájate DEL COCHE!

USA MÁS EL TRANSPORTE PÚBLICO, CAMINA MÁS Y MUÉVETE EN BICICLETA. EL COCHE PARTICULAR OCUPA MUCHO ESPACIO URBANO Y CONSUME MUCHOS RECURSOS PARA MOVER A MUY POCA GENTE. EL METRO, LOS BUSES, LA BICI, SON MANERAS MÁS SOLIDARIAS DE OCUPAR EL ESPACIO DE MOVILIDAD DE LAS CIUDADES. ¡ÚSALOS!

4

CLAUDIA AYUSO

MANIFIESTO POR LA JUSTICIA CLIMÁTICA

DESPUÉS DE LA MAREA

Extraño los días en los que confundía este sonido con el de los truenos, en los que la oscuridad era silenciosa y olía a Mamma; los días en los que la noche no te acechaba para arrastrarte a sus entrañas. Extraño los días en los que el sol acariciaba nuestra piel. Ahora, cuando el sol sale desde detrás de las nubes, parece una penitencia.

Ahora, existir parece una penitencia.

El día se acaba, lo sé porque el rostro de Alika se torna anaranjado. Las dos estamos cansadas y apoyamos la espalda contra la pared de tierra y sacos que tenemos detrás. La mezcla del aire caliente y el polvo en suspensión nos dificulta la respiración. Ella tose.

—Siempre tengo sed... —murmura con un hilo de voz.

No respondo.

—Si pudieras pedir un deseo ahora mismo, ¿cuál sería? —Se dirige a mí con un matiz de timidez.

Sé que quiere charlar, pero yo no quiero hablar.

—Convertirme en abogada para luchar por la gente que no puede —contesto; sé lo sola que te puede hacer sentir este sitio.

—Para darle una voz a los que no la tienen. —Alika refuerza mi idea.

—¿Y tú? —le devuelvo la pregunta.

Pero antes de poder contestar, un estruendo, como salido de las entrañas del infierno, hace crujir la tierra. Alika se lanza al suelo hecha un ovillo y yo me abrazo al rifle que sostengo entre las manos. El metal helado me toca la piel. Se me revuelven las tripas pensando que soy yo quien lo sujeta, pero como he dicho antes, en este sitio estamos solas y sostener un rifle es mejor que la alternativa.

—Volver atrás en el tiempo... —dice, aún en el suelo—, para poder luchar por un futuro.

Yo asiento con la cabeza, pero no digo nada, tampoco estoy segura de que me haya visto.

No han pasado ni dos minutos desde la primera explosión cuando una segunda sacude el cauteloso silencio que hemos dejado tras la anterior.

Esta vez no se disuelve en el viento, en su lugar, medio grito ahogado rasga la tela de toda humanidad que queda en nuestros corazones.

Aprieto el rifle contra mí, mucho más fuerte, y cierro los ojos tratando de viajar a un sitio muy lejano. A medida que el pitido de mis oídos pierde intensidad, la voz de Alika, tintada de agonía, me trae de vuelta.

—Por favor, cuéntame algo —suplica—. Distráeme.

Ninguna de las dos se ha acostumbrado a las explosiones, y mucho menos cuando es una persona quien las detona. Alika y yo nos acabamos de conocer. Intuyo que debemos de tener la misma edad, unos doce... o dieciséis. Lo cierto es que no lo sé, tampoco importa. Desastres como el que sobrevivimos alteran tu percepción de tiempo. También el orden de tus prioridades. Y desde la Gran Tormenta, he dejado de contar mis cumpleaños.

—¿Conoces la historia de *El brazalete de Jasira*? —recito con musicalidad, ocultando el pánico en mi propia voz.

Alika niega con la cabeza, tiene los ojos cerrados, está concentrada en normalizar el ritmo de su respiración.

—Cuenta la leyenda que hace centenares de años, una mujer, a la que ahora todos llamamos Jasira Madre, evitó que se propagase una sangrienta guerra civil en el sitio del que vengo. Lucha-ban por el poder y Jasira Madre les hizo entender que no hay poder sin unión.

»Nadie termina de comprender cómo logró convencer a una nación entera de soltar las armas. Solo un milagro podría ha-ber cambiado el curso de la historia. Por eso, desde entonces, se dice que por las venas de toda mujer nacida en el linaje de Jasira Madre, presentes y futuras, corre magia líquida. Se dice que pueden amansar a un perro salvaje posando la palma de su mano sobre él.

—¿Conociste a alguna de las mujeres Jasira? —inquiere Alika.

—Todo el mundo las conocía.

—¿Cómo eran? —pregunta Alika con entusiasmo; el ataque de pánico parece estar desapareciendo.

Me tomo un momento para pensar.

—Resilientes, generosas, valientes... —Hago otra pausa—. Pero no sobrevivieron a la Gran Tormenta.

Alika se queda sin habla.

—Lo que sí puedo decirte es que, mientras yo aún estaba allí, corrió la voz de que, al ver a su hija morir, la más antigua de las mujeres Jasira utilizó el último aliento de su magia para conjurar un hechizo que permitiría a otra mujer de cualquier linaje conti-nuar con su legado de respeto al prójimo. El único requerimiento era que dicha persona fuese capaz de encontrar una hebra de Resiliencia, una hebra de Generosidad y una hebra de Valentía para trenzar un brazalete como el de Jasira Madre. Mientras llevase el brazalete puesto, éste se encargaría de que ninguna amenaza pusiese en peligro su vida y la ayudaría a sobrevivir para que triunfase en un momento tan delicado como lo es este punto en la historia.

—Pero no sobrevivió —refuta Alika.

—Cuando la Madre Naturaleza se enfada, no hay magia que valga. Ese es el orden de las cosas.

—De todas formas... —vuelve a replicar—, ¿de qué sirve la protección si este nuevo linaje no tiene magia?

—No hace falta magia. Lo único que hace falta es un corazón puro e intenciones nobles.

A Alika no parece convencerle el final de la historia.

Yo giro sobre mí misma y rasco la pared de tierra que tenemos detrás.

—Si no me crees, te voy a hacer uno —digo, y sujeto en el aire un hilo de cáñamo de los sacos de las trincheras—. Tiros, explosiones, tormentas... y la pared sigue en pie.

Alika lo observa y dice:

—Una hebra de Resiliencia. —Se queda en silencio durante un momento—. ¿Qué te hace pensar que mi corazón es puro?

Me encojo de hombros y esbozo una débil sonrisa.

—¿¡Qué demonios hacéis de cháchara!?

El único sonido que temo más que el de las explosiones abre fuego en nuestra dirección: el sargento de nuestro pelotón se dirige hacia nuestra posición.

—¡Un hombre acaba de saltar por los aires y vosotras seguís gastando saliva! —exclama desde la distancia, para que todo el mundo lo oiga.

Agacho la mirada, y lo único que alcanzo a ver es cómo sus botas llenas de polvo se precipitan sobre nosotras. Segundos después, soy presa de sus garras, me levanta del brazo con la ira de cien hombres. Antes de soltarme con un empujón, vuelve a gritar:

—¡Vuestro país necesita agua! Ahora estáis en el ejército. Pero ¿no queréis luchar? No pasa nada, serviréis como mujeres.

Cuando levanto la mirada, veo que tiene a Alika agarrada por el cuello, su rostro blanco de pavor. Sus ojos sedientos clavados en ella, por toda ella.

—Os quiero a las dos en la tienda del teniente en cuanto acabe la ronda. —Ya no suena enfadado, pero su voz tiembla como el rugido de un león—. Os vamos a enseñar para qué sirven las mujeres aquí.

Él se da la vuelta y desaparece entre la calima. A pesar del calor abrasador que fríe nuestra piel, el tiempo se congela.

Frente a mí, Alika está en plena crisis. Detrás de mí, la línea de camiones que marca el final de nuestro campamento.

La oscuridad ya nos ha envuelto y quizá tenga por costumbre asustarnos, pero, esta noche, está de nuestro lado.

Dejo caer el rifle al suelo y tomo la mano de mi nueva compañera de viaje mientras corremos hacia la libertad.

Zumbamos en el viento como flechas dirigidas al centro de una diana. Cuando la verja que marca el inicio del desierto se levanta ante nosotras, quedo privada de todo movimiento. Mis músculos, agarrotados en tensión, intentan decirme algo. Aunque mi cerebro haya encontrado una respuesta a la pregunta que me persigue desde que llegué a este lugar, mi cuerpo aún no la ha aprendido. «¿Qué es peor, malo conocido o bueno por conocer?» Quiero irme, incluso sin saber si habrá sitio o no para mí dondequiera que sea que termine. Porque lo que sí sé es que aquí, en mi hogar, ya no queda nada para mí: la tierra está muerta, el agua no es más que un recuerdo y la vida solo crece fuera de estas fronteras.

Alika tira de mí y, con ese tirón, saltamos el muro.

No me suelta la mano hasta que nos duele el pecho de correr. Esto no nos detiene. Seguimos corriendo y corriendo y corriendo. Solo paramos cuando se desploma en el suelo y rueda sobre la arena. Ninguna de las dos dice nada. No hay nada que decir. Sabemos que lo que hemos dejado atrás permanecerá atrás para siempre. Ahora, nuestra única opción es seguir avanzando.

Encontramos un árbol seco y retorcido bajo el que pasar la noche, pero el gemir de las hienas nos mantiene despiertas durante horas.

No recuerdo haberme quedado dormida. Sin embargo, un sonido desgarrador me arranca del mundo de los sueños en el que buceaba. Es Alika, implorando que la ayude. Una hiena la tiene agarrada del gemelo y sacude la cabeza para llevarse un trozo de carne.

—¡Ayuda, por favor! —se lamenta—. ¡Haz que me suelte!

Cojo lo primero que encuentro, una roca sobre la arena, y me abalanzo sobre el animal. Después del forcejeo, huye despavorido y se pierde en la distancia. La pierna de Alika sangra profusamente. Me apresuro a quitarme la camiseta y envolver la herida para parar la hemorragia. No tenemos agua, por lo que no podemos limpiarla, pero será lo primero que hagamos cuando encontremos una ciudad.

Ninguna de las dos pega ojo tras el ataque. Tampoco intercambiamos muchas palabras. Yo me cubro con la chaqueta que estaba utilizando como almohada y me abrocho los botones.

—Gracias —consigue decir; su rostro está pálido y sus labios secos y agrietados por la conmoción.

No contesto, solo hago un gesto con la cabeza.

—Por lo menos solo nos ha atacado a una de nosotras —añade—. Hemos tenido suerte.

Bajo la mirada. No estoy cómoda manteniendo contacto visual en este momento.

Nos ponemos en marcha de nuevo con las primeras pinceladas de color que quiebran el cielo azabache.

—He oído historias... —murmura Alika con la voz ronca—, sobre hombres que han surcado el mar.

Sus palabras están cargadas de esperanza. Y de una pesadez que las enturbia. Conozco esa pesadez porque yo también he oído esas historias. Hace muchos años, mi tío trató de hacer el mismo viaje. Nunca consiguió atravesar el desierto azul.

—Solo tenemos que encontrar a los muchachos que organizan el viaje —añade.

Quizá hayamos perdido nuestras fuerzas, pero la comida y el agua no son el único combustible capaz de mover a un ser humano. Porque, por ínfima y ligera que suene esa esperanza, la promesa de vida es más poderosa que la promesa de muerte.

Merodeamos por la primera ciudad a la que llegamos después de días vagando en el desierto. Lo que buscamos es a alguien que nos diga cómo cruzar. Pronto aprendemos que, aunque encuentres a los traficantes de personas, el viaje no está asegurado. A cambio de llevarnos al otro lado del mar, nos piden más dinero del que he visto en toda mi vida junto. A veces te dan la opción de trabajar para ellos hasta terminar de pagarles. Por supuesto, elegimos la segunda. Una vez lleguemos al otro lado, estaremos ligadas a los traficantes hasta pagar nuestra deuda. Puede que más tiempo..., pero no tenemos elección.

—Ojalá pudiese quedarme en mi país, pero no es una opción para mí —dice alguien.

Llevamos cinco días esperando a que los muchachos decidan salir con todos nosotros. Creo que aguardan a que el cielo y el mar estén despejados.

—Nuestras tierras no han sobrevivido los tres superciclones y no nos queda más dinero.

—Mi hijo pequeño se ha puesto enfermo. En el hospital dicen que es por las altas temperaturas, así que me lo llevo de aquí.

Todos hablan, todos tienen una razón de peso para querer marcharse. Nadie parece tener elección.

Nos asentamos en un edificio pequeño que está a reventar de gente que quiere cruzar. Cuando dicen tu nombre vas con ellos. Pero nunca sabes cuándo va a ocurrir esto. Mientras tanto, cada uno intenta vivir su vida sin toparse con los demás. A diferencia de una mujer con un niño de unos tres años que nos ha ayudado desde que llegamos limpiando la herida de Alika y asegurándose de que tenemos suficiente comida, aunque eso signifique compartir lo poco que tiene ella.

—Lleváis uniformes militares —dice, cuando cree tener la suficiente confianza con nosotras.

—Nuestro país está en guerra —responde Alika, siempre tan amable.

—¿Reclutan mujeres?

—Los hombres están muriendo de sed.

—Lucháis por agua... —entiende. Lleva a su hijo colgado al pecho y posa su mano sobre su cabeza. Es un gesto de protección.

Alika se distrae con el niño, al que comienza a hacer carantoñas.

—Se llama Abez —dice la mujer.

De repente, la enorme sonrisa en la cara de Alika se desvanece.

—¿Crees que será feliz fuera de su hogar? —pregunta Alika sujetando una de sus manitas.

Se puede ver la preocupación en el rostro de la mujer, que espera unos segundos, examinando a Alika de arriba abajo para después contestar:

—Será feliz porque, dondequiera que sea, nos tendremos el uno al otro —contesta con una sonrisa. No puedo evitar pensar que con esa frase quiere decir algo más que las palabras que pronuncia.

A Alika parece valerle la respuesta y continúa charlando. Sin embargo, conmigo tiene el efecto contrario y, por primera vez desde que la tormenta se llevó mi vida, lucho por contener las lágrimas.

—¿Estás bien? —pregunta Alika preocupada, una vez se da cuenta de mi reacción.

Asiento con la cabeza, sorbiendo con la nariz. Intentando no curvar los labios hacia abajo, sin mucho éxito.

—¿Quieres hablar de ello? —me invita la mujer.

Niego con la cabeza.

Ella posa su mano sobre mi hombro y me quiebro. La agarro en un segundo, con fuerza, y no la suelto.

Nadie dice nada durante lo que parece una eternidad. Pero ambas están ahí, conmigo.

—Nadie le dio importancia cuando lo anunciaron —me salen las palabras—, estábamos acostumbrados a las tormentas... —Hago una pausa—. Pero a la mañana siguiente, vimos que ésta era diferente...

El polvo y la arena que vuelan en el aire me transportan a mi casa, al día en el que mi vida dio un vuelco inimaginable. Comienzo a verbalizar, por primera vez, lo sucedido. Y me doy cuenta de que todavía no he tenido ocasión de procesar la pérdida. Los recuerdos aparecen frente a mí como episodios de la vida de otra persona...

Me desperté con la boca llena de tierra muerta y las pestañas pegadas, volviendo a la vida entre toses. La habitación que compartía con mis cinco hermanos parecía estar alumbrada a la luz de llamas o bañada en ámbar líquido. Pero era arena y lo cubría todo, ahogando todo recuerdo y toda vida.

Oí que una voz me llamaba y la seguí para encontrarme con mi madre en el pasillo. Entonces nos estrellamos la una en los brazos de la otra y sus manos me limpiaron la arena de los ojos y la boca.

—¿Qué está pasando? ¿Dónde están Pa y la abuela? —pregunté, mientras dábamos tumbos hacia la cocina. Ma me sostuvo durante todo el camino.

El viento huracanado había abierto todas las ventanas de la casa y el mundo entero parecía estar entrando por ellas.

—Es una tormenta de arena, nos ha dado fuerte... —Se le amontonaban las palabras, una detrás de otra—. Tu padre se ha ido con Yusif a ver cómo está el ganado. La abuela está en la sala de estar.

Las tormentas de arena son comunes en la zona en la que vivía, pero ésta se convirtió en la Gran Tormenta.

—¡Tenemos que ayudar, Ma! —exclamé.

—No, es muy peligroso. No va a amansar por un buen rato. Tu padre ha dicho que nos quedemos aquí, con las ventanas cerradas. —Ma corrió hacia una de ellas mientras decía esto.

Me apresuré detrás de ella para ayudar, cuando un llanto que procedía de la caseta resonó en el viento. Parecía de mujer, pero no sonó humano. Al llanto lo siguieron las voces agitadas de un grupo de hombres y, entre ellas, la de Pa.

Era difícil saberlo con seguridad porque sus gritos se mezclaban con el de la tormenta, pero habría reconocido su voz en cualquier lugar.

—Apártate de la ventana —se apresuró a decir Ma.

Sin embargo, ignoré sus órdenes y me subí a la encimera. Salté por la ventana al arenoso mundo exterior.

El polvo me atrapó en cuestión de segundos. El corazón del torbellino nos había alcanzado.

Me encontraba a las puertas del infierno, perdida en una caldera. El aire estaba vivo y estaba furioso.

Corrí hacia el lugar del que salían las voces, esquivando unas figuras extrañas, como montículos oscuros, que yacían esparcidas por el terreno que se extendía ante mí. Con una mano me cubrí los ojos para evitar que la arena me cegase, y con la otra tanteé el camino hacia la entrada de la caseta. Entonces me tropecé con lo que me pareció la pierna de alguien. Pensé que se trataba de un vecino. Pero, al girarme, descubrí que era uno de los montículos, solo que, esta vez, podía verlo con claridad. A mis pies yacía el cuerpo de una vaca, inmóvil, con los ojos abiertos, cubierta de la arena que vomitaban sus orejas y su boca. A mi alrededor había decenas de montículos similares, en silencio, quietos, fantasmagóricos, en mitad de la vorágine.

Cuando por fin conseguí entrar en la caseta, me encontré una escena en la que reinaba el caos. Los chicos del pueblo trataban de guardar el ganado en cualquier espacio disponible, todo estaba abarrotado de vacas y cabras. Mi primo Yusif y un amigo de mi padre, estaban arrodillados en el suelo, con los brazos alrededor del cuello de una vaca. Y dirigiendo el barullo estaba Pa, también de rodillas, frente a la vaca que Yusif trataba de calmar con su voz. Al acercarme, vi que Pa tenía la mano dentro de la vaca, como si fuese un bolso.

Seguí acercándome.

—¡Asim! —exclamó Yusif.

Y Asim, mi padre, se volvió hacia mí.

—¿Qué haces aquí? ¡Aquí no estás segura! ¿Cuá...? —El gemido de la vaca lo interrumpió, ahora claramente angustiada—. ¡Sujétala, Yusif!

—¡Quiero ayudar, Pappa! —murmuré sobre el rugir de la tormenta que sacudía el techo de lata.

Mi padre era un hombre justo pero firme, y su presencia siempre había comandado una autoridad que nadie osaba desobedecer. No había tiempo para hablar, Pa me instruyó a cubrirle los ojos a la vaca con un saco de maíz.

—¿Está bien? —pregunté.

—Es prematura, la tormenta le ha causado mucho estrés, tenemos que ayudarla a parir...

La vaca jaló con brusquedad y, de repente, la expresión de Pa quedó cubierta de preocupación.

—¿Qué ocurre, Asim? —preguntó Yusif, aún presionando la vaca con firmeza sobre su regazo.

—Es el ternero... viene del revés. Tenemos que sacarlo ¡ya!

—Pa...

—¡Sostén el saco, hija!

Hice lo que me decía sin protestar, desconcertada sobre cómo actuar al ver, por primera vez en mi vida, entrar en pánico a mi padre.

A continuación, por la parte trasera de la vaca aparecieron unas pezuñitas. Pa hundió las manos dentro de la vaca para sacar más piernas, después abdomen y, finalmente, con el último esfuerzo, el ternero entero fue bienvenido a este oscuro y caótico mundo.

Lo único es que la vaca había dejado de gemir hacía un rato.

—Pa... —intenté decir.

Él cayó hacia atrás sobre su espalda, cubriéndose la cara con las manos ensangrentadas, que formaron una pasta arcillosa con la arena. Por un momento, lo único que se oía era el rugir de la tormenta de arena que parecía ansiosa por arrancar el techo de la caseta y echar un vistazo dentro para ver su obra. De repente, un violento estruendo que procedía de nuestra casa rasgó el silencio.

Pa se incorporó.

—¿Dónde está tu madre?

No pude responder, la arena me había robado la voz.

—¡HIJA, RESPONDE! —gritó, empujando al ternero de su regazo al suelo y resbalando sobre el charco de sangre en el que estaba sentado, antes de correr hacia la puerta de la caseta.

Yusif lo siguió, al tiempo que le ordenaba a los chicos de la granja que se quedaran con el rebaño y a mí, que no me moviera. En un segundo, mi padre y Yusif se desvanecieron tras la pared de arena. Yo me quedé allí, incapaz de procesar lo que estaba ocurriendo, ahogándome en el abrumador peso de la tormenta que se revolvía a mi alrededor, imparable.

Con cuidado, levanté el saco de maíz y miré la cara estática que yacía debajo. Los ojos de la vaca eran enormes, preciosos y negros, con pestañas largas y en ellos vislumbré mi propio reflejo, uno que ya no reconocía. Después, vi muerte.

—¿Qué le pasó a tu madre? —pregunta Alika, inclinándose para posicionarse cerca de mí.

Sé que esta pregunta estaba por venir, pero eso no me prepara para responderla. ¿Cómo puedo explicar que cuando dejé la caseta del ganado y crucé el campo de vacas muertas, vi mi casa destruida, la cocina patas arriba, enterrada bajo los escombros? ¿Cómo puedo describir los gritos desesperados de mi padre mientras tiraba del cuerpo sin vida de mi madre, apartando los ladrillos?

Justo cuando creo que había encontrado las palabras para responder a Alika, la voz de uno de los traficantes me las arrebata:

—El bote está listo y salimos ya.

—¿Cómo se llamaba tu madre? —pregunta la mujer que nos acompaña.

Nunca vi el cuerpo de mi madre, pero siempre imaginé que tendría la misma mirada que aquella vaca de ojos negros.

—Moroti —respondo.

El luto es un proceso importante para procesar el dolor, pero nosotros nunca tuvimos oportunidad de pasar por él. Después de la Gran Tormenta, dedicamos todo nuestro tiempo, energía y atención a reconstruir lo que nos quedaba, no a llorar lo que perdimos.

Ponerle palabras a aquello por lo que pasé
y compartirlo con otra persona es lo más parecido
que he tenido a hacer un luto. Y, por lo menos así,
parece que su memoria no está perdida.

Me seco las lágrimas con la manga de mi uniforme militar y noto que una manita tira de ella. Abez tiene su brazo extendido frente a mí.

—Toma —canturrea con una sonrisa enorme.

Entre sus deditos sostiene un cordón de zapato de color azul. Sospecho que es uno de sus juguetes, algo que encontró en el suelo. Me lo está ofreciendo.

—¿Para hacerme sentir mejor? —pregunto con una sonrisa, pero se me escapa un sollozo.

El niño asiente.

—¿Te importa si se lo presto a Alika? —le dirijo una mirada a ella—. Estamos haciendo una pulsera y tu regalo es perfecto.

El niño no está seguro.

—Es una pulsera mágica —añade Alika.

En ese instante se le iluminan los ojos de intriga e ilusión y le enseño el otro cordel que tenemos.

—Mira, ésta es una hebra de Resiliencia, y tú nos acabas de dar una hebra de Generosidad. Ahora solo nos queda una de Valentía, ¿nos ayudas a encontrarla? —le dice.

Abez asiente con ímpetu.

—Vamos —digo, aclarándome la garganta—. No queremos perder el barco...

Llegamos a la playa donde el bote de los muchachos espera para partir. Ya no queda nadie en tierra. Somos las últimas. Corremos hacia él, ansiosas por no perderlo.

—¡Khaled! —exclama uno de los muchachos—. ¡Aquí hay tres más y un bebé!

Un hombre sale de dentro del agua, está empapado hasta el pecho.

—No queda espacio en el centro —le dice a su colega—. Habéis tenido suerte de que aún estemos aquí. —Ahora se dirige a nosotras—. Buscad algo a lo que agarraros y no os soltéis.

Escrudiño el bote intentando encontrar un hueco por el que acceder a él. Hay tanta gente que parecen salirse por los lados.

—Vamos a tener que pisar a alguien para poder entrar —me susurra Alika.

Un joven nos llama desde uno de los laterales, nos está ofreciendo su brazo.

—Subid por aquí —exclama.

La mujer con el niño primero, después Alika y luego yo. Nos apretamos como podemos entre los cuerpos que se apilan a nuestro alrededor. Observo que las mujeres, los ancianos y los niños están colocados en el medio. Para nosotras solo quedan los laterales. Alika y yo nos acomodamos tratando de dejar a Abez y su madre lo más cerca del centro posible.

El bote comienza a vibrar y el parloteo tímido de los pasajeros queda ahogado en el ronroneo del motor. Nos movemos. Al tiempo que el conductor incrementa la velocidad, me doy cuenta de por qué quien lleva los mandos nos aconsejó que encontráramos algo a los que aferrarnos. El meneo del vehículo amenaza con tirarnos por la borda y mantenerse dentro de los confines del bote se me antoja extremadamente complicado.

—Si os caéis, os quedáis en el mar —nos dice el mismo chico que nos ayudó a subir.

Yo trago saliva.

—Nadie espera por ti —continúa, indicándome con la cabeza a mirar hacia fuera.

Un escalofrío me sacude de arriba abajo, encrespándome los pelos de la nuca. Hasta ahora no me he dado cuenta, pero es la primera vez que veo el mar: infinito, frío, oscuro e intimidante. Nos alejamos de la costa a una velocidad de vértigo.

Aunque la travesía por el desierto fue dura, incandescente, seca y más de una vez pensé que no sobreviviría al camino, la tierra es el lugar al que pertenecen los humanos.

La conocemos, la trabajamos, la compartimos.

El océano es territorio de otras criaturas, al cruzarlo estamos desafiando las leyes de la naturaleza, estamos violando nuestro tratado no escrito.

Algo que no cuentan esas historias que pasan de boca en boca es que cuando te subes al bote, el agua no es lo único que te empapa, la vergüenza está latente y la siento palpitar en mi piel. Me cuesta mirar a la cara al resto de las personas a bordo, por lo que mantengo la vista baja y me centro en Alika, Abez y su madre.

—El viaje se ha alargado —oigo decir a alguien—. Nos hemos desviado al este.

—No me queda casi comida —se queja otra persona—. ¿Cuánto más falta?

Un silencio arrollador invade la lancha. Ninguno dc los traficantes se pronuncia.

No hay respuesta.

El cielo encapotado comicnza a llorar, pcro no siento la lluvia sobre mi piel. No queda un centímetro de mi cuerpo que no esté mojado. Tiemblo, de frío y de miedo. Todo lo que me alcanza a ver la vista durante días son montañas azules que mutan de forma a su antojo. A veces apacibles, a veces aterradoras. Cuando el mar está manso, no hay diferencia entre mantener los ojos abiertos o cerrados, de ambos modos estás perdida, flotando en el vacío; sin nombre, sin identidad, anónima. Si muriese en el mar, no sería más que un cuerpo flotando boca abajo, sin rostro. En ocasiones, las olas levantan la bandera blanca, pero más veces que menos, nos sacuden con tanta brusquedad que los niños lloran y los adultos se arriesgan a perforar el bote aferrándose a cada centímetro de superficie sólida que los rodea.

En la oscuridad de la noche no hay horizonte entre el infierno y el paraíso, el espeso océano se pierde en la negrura del cielo, y convierte el viaje en un tanteo a ciegas. Cuando el mar está enojado, no importa que no haya luz porque, de cualquier modo, estás mirando a la muerte directamente a los ojos.

Puedo oler la tensión en el ambiente, todos sabemos cuáles son nuestras probabilidades. Todos sabíamos qué era lo que estábamos arriesgando cuando nos subimos a la lancha, pero la falta de opciones en tierra firme no nos daba otra alternativa. Se levanta un viento frío que entorpece nuestros movimientos y bambolea el bote. Las olas crecen.

—¡Ah! —exclama Alika cuando una de las olas nos alza en el aire.

Reconozco su respiración y, de repente, me veo de vuelta en la trinchera. Está teniendo un ataque de pánico. Aquí no se lo puede permitir.

—Eh —digo con suavidad—, ya casi hemos llegado. Mira todo el camino que hemos recorrido, solo nos queda el último empujón.

Alika frunce el ceño.

—Mira dónde estamos.

Tiene razón.

—Si seguimos en pie a pesar de todo lo que hemos pasado, ¿qué te hace pensar que no podamos llegar al otro lado? —digo.

—Para ti es fácil de decir cuando no tienes miedo a nada.

No contesto. Lo hace el mar en mi lugar. Esta vez todos exclamamos.

—¡Os agarráis a los lados! —nos ordena uno de los tripulantes.

La lluvia se convierte en un manto grueso. No consigo ver más allá de la proa del bote. El cielo ruge, el mar zarandea, el viento azota y nosotros estamos a la intemperie, indefensos. Puedo ver como mi amiga intenta respirar, pero no le entra aire en los pulmones. Sujeto su mano y digo:

—No sé nadar.

Ella no puede hablar, pero me está escuchando, así que yo sigo:

—No hay nada que me diese más miedo que perder a mi familia y verme sola en el mundo. Pero nunca estuve sola, tú estabas ahí conmigo. Por eso tengo esperanza y sé que siempre hay una salida, incluso cuando parece que ya no queda nada por hacer.

—Voy a tener un bebé —murmura—. Y no sé si podré criarlo en un mundo en el que nadie ve a personas como nosotros.

Se me para el corazón. No sé qué decir. Alika iba a dar a luz en un lugar en el que la Tierra ya ha comenzado a morir. No está haciendo esto por ella, quiere darle una oportunidad al bebé. Incluso si eso significa arriesgar su propia vida por él.

La parte frontal del bote se levanta. Estamos sentados en pendiente. Me pregunto qué ocurriría si el océano nos tragase. ¿Vendría alguien a rescatarnos? ¿Podrían encontrarnos si nunca llegamos a tierra firme? ¿Sabrían cómo avisar a la familia que nos queda? Entra agua por todas partes. Abez llora por primera vez en toda la travesía. Alika se aferra a mí.

—Si nos caemos al agua, mueve las piernas y agárrate a mis hombros —me dice—. Yo sí sé nadar.

Me muerdo el labio. No quiero llorar.

La tengo tan cerca que puedo oír cómo aún lucha contra su ataque de pánico para poder respirar.

Trago saliva.

Levanto el puño de mi manga empapada y me quito la pulsera que llevo.

—Me la dio mi abuela —le digo—. Pero quiero que la tengas tú. Va a cuidar de ti y de tu hijo.

Alika no sabe qué decir. Me aprieta más fuerte y tiende la mano para que le ponga la pulsera.

—¡Mirad! —exclama otro de los pasajeros. La voz me suena familiar, pero en un momento como éste, cualquier persona te puede hacer sentir seguro.

Es de noche, sin embargo, el cielo está pálido, tiene el color de una cabellera gris, viejo y descolorido. Echo un vistazo en la dirección a la que apunta el hombre, algo brilla en la lejanía, como una estrella amarilla.

—¡Es un barco, vienen a por nosotros! —grita otra persona.

Todos chillan, hacen aspavientos para que nos vean. Pero ya nos han visto, se dirigen hacia nosotros.

Una voz metálica exclama desde el otro barco. No entiendo lo que dice, no conozco el idioma. Olas de cuatro metros se yerguen a nuestros lados como paredes negras. El eco de la voz que no entiendo retumba, se convierte en la voz del mar. Todos gritan en nuestro barco, tal desesperación se puede masticar. Hambre, frío, soledad, esperanza, muerte, futuro... Todo junto.

Entre tanto, el barco ha conseguido acercarse a nosotros y nos tienden unas cuerdas y escaleras para subir a bordo. Casi la mitad de nuestros pasajeros están seguros en el barco grande cuando uno de nosotros vocea desde arriba:

—¡Nos quieren devolver!

Los hombres y mujeres que llegaron en el barco de rescate dicen algo, de nuevo, en el idioma que no entiendo.

—¡No! —exclama Alika, ella es la siguiente en subir—. ¡No podemos volver!

Un par de los hombres del barco se encuentran en el nuestro para ayudarnos a pasar de uno a otro.

—¡No es nuestra culpa! —arrojo con un grito que me rasga la garganta.

El hombre levanta las manos y habla. Sigo sin entender. Me pone nerviosa. No sé qué dice. Quiero que se calle.

—No es nuestra culpa que las nubes se hayan secado —sollozo—, no es nuestra culpa que la tierra se esté agrietando, no es nuestra culpa que tengamos que huir si queremos sobrevivir. Quizá en esta parte del mundo el sol caliente más ahora, pero, de donde yo vengo, el sol nos mata despacio.

Un silencio impenetrable inunda el entorno.

—¡Vuestras máquinas están haciendo esto! —exclama un hombre, y un aullido grupal emana de nuestro bote, ahora todos hablan.

—¡Creéis que tenemos la libertad de elegir dónde estar! —profiero—. Pero esto no es libertad, esto es una prisión. Esto es una prisión del tamaño del planeta entero. Y Alika es inocente. Y yo soy inocente. Y Ma era inocente.

—¡Dejadnos quedarnos con vosotros! —interviene alguien.

El mar nos azota con una de sus lenguas. Trago agua y caigo al suelo del bote, ahora hay más espacio. Otra persona del barco salta a nuestro bote, empieza a hablar. Sí entiendo lo que dice .

—Vamos a hacer todo lo posible por que no tengáis que volver. —Alza la voz para que todos lo oigamos—. Te lo prometo —dice mirándome a mí a los ojos.

Alika duda un segundo. Es difícil decidir qué hacer porque ahora parece que el océano se haya enfadado y hierva de ira. De repente, como de la nada, aparece la madre de todas las olas, como un edificio que se desploma sobre nuestra lancha dándole la vuelta.

La marea nos revuelve bajo el agua. No entiendo qué está pasando. Alguien tira de mí hacia arriba. Cuando estoy fuera, oigo la voz de Alika.

—¡No sabe nadar! —exclama—. ¡Id a por ella!

Alika se bate para intentar sujctarmc. Me tiende uno de los chalecos salvavidas que llegaron en el barco grande. Ambas nos agarramos a él.

—¡Jasira! —oigo mi nombre.

Es la voz familiar otra vez.

Mi corazón deja de latir durante un segundo.

Luchando por mantener la cabeza a flote abro los ojos. La sal del mar me quema la retina.

—¡Jasira, aquí!

Es mi tío, desde el barco grande.

Mis ojos no pueden creer lo que ven.

—¡Conseguiste cruzar el desierto azul! —grito a todo pulmón, suplicando a los dioses que me oiga.

Él suelta una carcajada enmascarando sus sollozos.

—¡Y tú conmigo, Jasira! —implora.

Alika me mira.

—¿Tú...? ¿Jasira? —murmura.

Saca su mano de dentro del agua para quitarse el brazalete.

Yo emito un sonido gutural, seguido de un:

—¡No!

—¡Es tuyo! —me reprime.

—Ya no —refuto—. Te lo has ganado. Ahora pertenece al siguiente linaje. —Toso, la sal me hiere la garganta.

Alika tartamudea, sabe que no puede discutir conmigo. Se tira del pelo y se arranca unos pocos cabellos. Me tiende la mano desesperada.

—Una hebra de Valentía.

Otra ola nos azota, trago agua. Se me escurren los dedos.

—¡Toma, toma! —me insiste a que los agarre—. Ya tienes las tres.

Vuelvo a toser. Las personas del barco grande nos tienden una cuerda.

—Tú continúas con el legado de Jasira Madre, ¿sí?

—¡No!

Ninguna de las dos agarra la cuerda, por lo que uno de ellos se lanza al mar para sacarnos.

—A ella —exclama Alika—. ¡No sabe nadar!

Jalo y me suelto de la persona que intenta ayudarme.

—Está embarazada —grito rasgándome las cuerdas vocales.

La persona deja de forcejear conmigo y tira de Alika hacia atrás. Sus dedos no tienen fuerza y se desprenden de nuestro salvavidas.

—No hace falta que vuelvas atrás en el tiempo para luchar por el futuro, Alika. Hoy, aquí, tú tienes lo que hace falta. ¡Nos van a ver!

Otra ola me cubre por completo. Pierdo la superficie a la que me estaba aferrando con mi vida. Pierdo la superficie del mar por completo.

Una mano sale disparada hacia mí, intento agarrarla, pero se me escapa.

El océano pertenece a otras criaturas y estamos tonteando con él. El océano es una bestia con voluntad de hierro, ajeno al concepto de bien y mal. Hierve de ira porque tiene calor. Hierve de ira porque se descongela. Y no puedo culparlo. El océano pertenece a otras criaturas. Nosotros tenemos la tierra y hemos tenido suficiente durante milenios. Ahora el mar se la está comiendo, hambriento de venganza. Es su turno.

—Lo siento —trato de decir.

Pero trago agua. Me hundo. Intento respirar. Y trago más agua. Mi grito se ahoga en las profundidades del océano.

Muevo las piernas con desesperación, como Alika me enseñó.

Pero no funciona. Por más rápido que pedaleo, no emerjo. Tampoco sé dónde está la superficie. Todo está oscuro, el horizonte entre infierno y paraíso no existe bajo el agua cuando la luna que cuelga del cielo es nueva y negra.

La naturaleza es una entidad sin consciencia que actúa como reflejo de nuestras acciones, seres con consciencia, obrando de forma inconsciente.

Pero toda acción tiene consecuencias.

Las burbujas que emanan de mi boca comienzan a desaparecer.

Desde las entrañas del mar, oigo una voz.

No estoy enfadada, no hiervo de ira. Pero, a veces, es necesario llamarle la atención a aquel que no respeta las normas.

La Tierra me habla.

Te veo. Sé quién eres, Jasira. Eres la última generación que puede cambiar el curso de la historia. Eres la última generación que tiene el poder de salvar a la humanidad.

No hay luna en el cielo, pero veo una luz en la distancia, como si fuera una estrella amarilla. La luz se acerca, yo me acerco.

Y, de pronto, somos uno.

DESPUÉS DE ESTE BREVE RELATO SOBRE LA JUSTICIA CLIMÁTICA, ME GUSTARÍA INICIAR MI MANIFIESTO CON LA SIGUIENTE CITA:

[EL CALENTAMIENTO GLOBAL] ES UN PROBLEMA MONUMENTAL QUE PONE EN PELIGRO LA PAZ, PROSPERIDAD, JUSTICIA SOCIAL Y, EN EFECTO, LA VIDA MISMA, Y DEMANDA QUE BUSQUEMOS SOLUCIONES JUNTOS, O TENDREMOS QUE HACER FRENTE A DAÑOS IRREVERSIBLES EN LA HUMANIDAD. EL CAMBIO CLIMÁTICO SUPONE UNA AMENAZA MÚLTIPLE, UNA FUERZA QUE INTENSIFICA LA POBREZA, LA PRIVACIÓN DE RECURSOS DE TODA CLASE, LOS CONFLICTOS Y LAS CONDICIONES PRECARIAS EN LA MIGRACIÓN DE PERSONAS.

ZEID RA'AD AL HUSSEIN, ALTO COMISIONADO DE NACIONES UNIDAS PARA DERECHOS HUMANOS (2015)

El mayor problema al que se enfrenta nuestra generación es la crisis climática. Llegados a este punto, la mayoría sabemos que, entre sus efectos, se encuentran: subidas de temperatura, sequías, desertización, incendios, elevación del nivel del mar, inundaciones, desastres naturales extremos, destrucción de ecosistemas, extinción de especies, inestabilidad económica, guerras, enfermedades...

NOS PUEDE RESULTAR DIFÍCIL ENTENDER LA GRAVEDAD DE LA SITUACIÓN CUANDO NO SOMOS TESTIGOS DE GRAN PARTE O NINGUNA DE ESTAS CONSECUENCIAS (TODAVÍA), PORQUE QUIENES LO SUFREN SON LAS COMUNIDADES MÁS VULNERABLES.

La crisis climática afecta de manera mucho más grave a naciones que ya experimentan pobreza o desigualdades estructurales como Filipinas, donde, al ser el primer territorio frente al océano Pacífico, están directamente expuestos a las tormentas que nacen en él, o en África, donde los fenómenos medioambientales tienen efectos devastadores en la disponibilidad de recursos naturales.

Sin embargo, como sostiene Debarati Guha-Sapir, directora del Centro de Investigación sobre la Epidemiología de los Desastres (CRED, por sus siglas en inglés), aunque «estas comunidades son estadísticamente las que menos contribuyen a la emisión de gases de efecto invernadero, son las que sufren las peores consecuencias».

ESTOS IMPACTOS SON MÁS SEVEROS DEPENDIENDO DEL GÉNERO, CLASE, ETNIA, EDAD Y DISCAPACIDAD DE LA PERSONA (PANEL INTERGUBERNAMENTAL DEL CAMBIO CLIMÁTICO, 2014). LAS MUJERES SON UNO DE LOS GRUPOS DE MÁS RIESGO DEBIDO AL ACCESO LIMITADO DE RECURSOS, EL INCUMPLIMIENTO LEGAL DE SUS DERECHOS Y LA MENOR PARTICIPACIÓN EN LA TOMA DE DECISIONES (GRUPO DE NACIONES UNIDAS PARA EL DESARROLLO, 2007).

La justicia climática reconoce la vulnerabilidad de las comunidades más afectadas y contempla los derechos humanos en la propuesta de soluciones para la crisis climática. Jasira es un personaje de ficción que ahora no solo existe en mi corazón, sino en el vuestro. Pero, por desgracia, la historia de Jasira no es ficción. Millones de personas se ven afectadas por la crisis climática y forzadas a abandonar su hogar para poder sobrevivir. Las rutas migratorias son extremadamente peligrosas, y muchos de los migrantes se ven expuestos a tortura, violaciones, extorsión, secuestros y habrán visto a personas morir a su alrededor.

> NUESTRAS VIDAS ESTÁN VINCULADAS.
> LOS ACTOS Y LAS DECISIONES DE UN PAÍS
> AFECTAN A MUCHOS OTROS Y PONEN EN PELIGRO
> LA SEGURIDAD Y EL FUTURO DE PERSONAS
> QUE RESPIRAN, VIVEN, SIENTEN, SUEÑAN Y
> AMAN IGUAL QUE NOSOTROS.

En la lucha por un futuro no solo debemos abordar los daños meramente medioambientales, sino que debemos considerar los derechos humanos y aceptar la responsabilidad por las consecuencias de nuestras acciones, facilitando a las comunidades con menos recursos un desarrollo sostenible, asegurando la paz y facilitando una vida digna.

TENEMOS EL PODER,
SOMOS LOS LÍDERES DE UNA ERA
Y VAMOS A PASAR A LA HISTORIA
COMO LA GENERACIÓN QUE
SALVÓ A LA HUMANIDAD.
HAGÁMOSLO BIEN.

Aprende sobre el PLANETA

DEDICA AL MENOS UNA PARTE DE TU TIEMPO A APRENDER SOBRE LA TIERRA, SUS CICLOS Y LAS AMENAZAS QUE PONEN EN PELIGRO SU EQUILIBRIO. ES MÁS FÁCIL (¡Y ENTRETENIDO!) CUIDAR ALGO QUE SE CONOCE, Y EL PLANETA NECESITA PERSONAS INFORMADAS Y COMPROMETIDAS CON SU CUIDADO.

5

PATRICIA RAMOS

MANIFIESTO POR EL RESIDUO CERO

Tal vez lleves años siendo activista por la justicia climática. Quizá hayas oído hace poco la expresión «emergencia climática» y tienes curiosidad por saber a qué se refieren los medios con ella. Puede ser que alguien cercano a ti quiera que conozcas mejor cómo te afecta y cuál es el papel que desempeñas en la sostenibilidad del planeta en el que vives.

> SEA CUAL SEA EL MOTIVO POR EL QUE TIENES ESTE LIBRO EN TUS MANOS, QUIERO DARTE LA BIENVENIDA Y LAS GRACIAS POR ESCUCHAR LO QUE LA JUVENTUD, LAS GENERACIONES QUE VERÁN AFECTADA TODA SU VIDA FUTURA POR LOS EFECTOS DE CAMBIO CLIMÁTICO, TENEMOS QUE DECIR AL RESPECTO.

Me veo obligada a empezar con una mala noticia.

> **AQUELLO A LO QUE LA COMUNIDAD CIENTÍFICA SE EMPEZÓ A REFERIR HACE UNAS DÉCADAS COMO «CAMBIO CLIMÁTICO» YA NO PUEDE LLAMARSE ASÍ.**

En el recinto de la pasada Conferencia de las Partes, la COP25, veíamos grandes carteles que nos permitían entender por qué. El hecho de que cada año se filtren 130.000 toneladas de plástico a los océanos y que esto provoque la muerte de en torno a 100.000 animales marinos[1] o que cada día haya más especies amenazadas de extinguirse, hace que, más que hablar de cambio climático, tengamos que considerar que estamos ante una auténtica situación de emergencia.

Sin embargo, lejos de pintar un horizonte catastrófico que anime a la inacción, quiero insistir en la idea de que puedes tomar medidas personales y hacer presión colectiva para atajar la situación, pues, si sigues leyendo, te darás cuenta de que pequeñas acciones en tu día a día pueden contribuir de forma relevante a evitar este horizonte tan catastrófico. En primer lugar, involucrándote en la solución de un problema que ya te está afectando, aunque no te des excesiva cuenta. En segundo lu-

---

1. Web de Naciones Unidas, <https://www.un.org/es/events/oceansday/index.shtml>.

gar, haciendo presión para que los gobiernos y las empresas den facili-
dades a la población y no tengamos que hacer heroicidades por querer
ayudar a nuestro planeta.

LA INEFICACIA DEL RECICLAJE

> A mi generación se le lleva diciendo desde que inició
> sus estudios en el colegio que la gran solución
> para ayudar al planeta era reciclar.

En mi caso, lo hicieron tan bien que a los pocos meses de empezar con
los talleres había conseguido que en casa se echaran al contenedor adecuado no solo el plástico o el papel, sino también el aceite usado o las
pilas agotadas. Es fantástico que tantos otros niños y niñas como yo
introdujeran una auténtica concienciación de la necesidad de que en su
casa se reciclara.

Es estupendo que tantos de los objetos que consumimos sean reciclables, pero ¿cuántos de ellos son reciclados? ¿De qué sirve que la

última botella de plástico que has comprado llegue a la planta de reciclaje si la próxima que utilices también vendrá de plástico virgen?

El reciclaje del plástico se enfrenta a dos grandes problemas:

El primero, que no hay un único plástico —polietileno, poliuretano o poliestireno son solo tres de los múltiples tipos de este material—. Sus diferentes estructuras químicas hacen que la mezcla de distintos plásticos sea un producto de escasa calidad y difícilmente empleable para la fabricación de nuevos objetos. Ello provoca que, para obtener un género de calidad similar al material primitivo, este se deba elaborar a partir del mismo tipo de plástico.

El segundo obstáculo al que se enfrenta el reciclaje de plásticos es el hecho de que se centra en envases, latas y aluminio. Esto significa que una gran cantidad de objetos de un solo uso no pueden reciclarse porque no entran en ninguna de estas tres categorías: los cubiertos, las pajitas y los bastoncillos desechables, por poner solo algunos ejemplos, pasan de estar en nuestras manos durante escasos minutos a permanecer en un vertedero (en el mejor de los casos) cientos de años.

«En el mejor de los casos» porque, en numerosas ocasiones, la basura que generamos acaba acumulándose en los océanos, donde llega a formar las desafortunadamente conocidas islas de plástico. La más extensa de ellas, la del Pacífico Norte, tiene la superficie de España, Francia y Alemania juntas[2].

---

2. «La "isla" de plásticos del Pacífico equivale ya a Francia, España y Alemania juntas», *Público*, 23 de marzo de 2018, <https://www.publico.es/ciencias/plastico-isla-plasticos-pacifico-equivale-francia-espana-alemania-juntas.html>.

También es cierto que gran parte de estos residuos llega a los ríos y, después, a los mares debido al turismo irresponsable en la montaña y en la costa o a los vertederos ilegales. Otras veces, aunque los restos se separen y reciclen correctamente, muchos de ellos van a parar al océano trasladados por el viento, la lluvia o la escorrentía. Y allí permanecerán con toda probabilidad durante muchos más años de los que nosotros estaremos en la Tierra.

Todo ello nos lleva a extraer una importante conclusión:

> «SOLO PORQUE EL PLÁSTICO SEA DESECHABLE, NO SIGNIFICA QUE DESAPAREZCA»[3].

¿Qué podemos hacer entonces cada uno de nosotros para evitar esto? Varias cosas en las que, probablemente, ni siquiera habías pensado. Una primera acción como escoger objetos hechos de papel en vez de plástico parece la opción más sencilla. Sin embargo, hay que tener en cuenta que, aunque el papel y el cartón tarden menos en degradarse, consumen más energía que el plástico en su proceso de fabricación.

Pero ¿hay alguna alternativa?

---

3. Esta frase pertenece al documental: *Bag it!*, de Suzan Beraza.

LA RESPUESTA ES MUY SIMPLE: EL RESIDUO QUE MENOS CONTAMINA ES EL QUE NO SE GENERA.

Esta es la premisa fundamental del movimiento *zero waste* o residuo cero. Según este movimiento, que se ha convertido en un auténtico modo de vida, basta con generar la menor cantidad de desechos posible. De esta forma, proteges el medio ambiente y evitas hacer cálculos sobre el CO_2 generado o el agua empleada en la producción, manufactura y transporte de un producto.

Una media de 486 kilos de basura generada por habitante europeo al año[4] es una cifra bastante escalofriante. Que de esta cantidad 60 kilos sean plástico —sobre todo teniendo en cuenta lo poco que pesa este material y lo mucho que abulta—, es aún más escalofriante.

La parte positiva de esta estadística es que, al ser tan mala, es muy fácil de mejorar. Siguiendo una serie de pasos, acercarse a un día a día en que no se generen apenas residuos es más sencillo de lo que puede parecer en un principio.

---

4. Javier López de Benito, «España se encuentra por debajo de la media de residuos municipales generados por persona de la UE», *Energy News*, 24 de enero de 2019, <https://www.energynews.es/residuos-municipales-por-persona-ue/>.

RESIDUO CERO: PLAN DE ACCIÓN

Antes de aproximarte a este modo de vida, te pido que dejes de pensar que partes de cero y que tienes que hacer muchos cambios en tu vida cotidiana. Es común pensar que, para liberar tu día a día de plásticos, debes deshacerte de todas las pajitas, fiambreras y bolsas para comprar unas nuevas de metal, cristal o rafia.

> ## TENIENDO UN CAJÓN LLENO DE BOLSAS DE PLÁSTICO QUE AÚN PUEDES REUTILIZAR VARIAS VECES, TIENE POCO SENTIDO TIRARLAS A LA BASURA ÚNICAMENTE POR EMPEZAR A UTILIZAR UNA DE TELA.

Con esto quiero insistir en la idea de que, para no generar residuos, debemos dejar de centrarnos en el reciclaje —por muy bien que lo hagamos— y centrarnos en la reducción y reutilización de objetos y materiales.

Por ello, el **PRIMER PASO** del residuo cero es plantearte si realmente necesitas eso que estás pensando en llevarte a casa. Esto incluye tanto comprar nuevos objetos —por muy *ecofriendly* que sean— como aceptar los artículos gratuitos que muchas veces nos ofrecen en eventos o como publicidad.

Para que seas consciente de lo que acabo de señalar, te voy a relatar una experiencia que he tenido recientemente.

El pasado diciembre tuve la oportunidad de participar en la COP25. Además de un lugar de encuentro y negociación para los dirigentes mundiales o de participación y organización de la sociedad civil, la Conferencia de las Partes sobre el cambio climático es un escaparate en el que instituciones públicas y privadas pueden exhibir su imagen y ampliar su público. Por ello, era bastante común que en los estands ofrecieran —como en muchos otros eventos— panfletos, mochilas y botellas reutilizables. La sociedad de consumo nos ha educado para que aceptemos todo aquello que se nos regala, aunque no suponga una necesidad individual.

Esto lleva a que, una vez en casa, esa gorra o ese cuaderno acaben acumulando polvo en un rincón y después, lo más seguro, en la basura. Es algo normal. Puede que a tu bolsillo no le cueste nada, pero conociendo el precio que paga el planeta, es mucho más razonable rechazar ese obsequio que, además, probablemente no utilizarás.

EN RESUMEN:
SI NO LO NECESITAS, NO LO ACEPTES.

LAS EMPRESAS USAN EL *MERCHANDISING*
COMO FORMA DE PUBLICIDAD Y LAS PERSONAS
COMO TÚ Y YO TENDEMOS A ACEPTAR AQUELLO
CON LO QUE NOS OBSEQUIAN PORQUE
«ES GRATIS». POR ELLO, SI DE VERDAD QUIERES
INVOLUCRARTE EN LA PRESERVACIÓN
DE NUESTRO PLANETA Y PRACTICAR EL RESIDUO
CERO, ES NECESARIO QUE HAGAS UN EJERCICIO
DE CONTROL PARA PARARTE A PENSAR
Y DESENMASCARAR, DETRÁS DE ESE MENSAJE
A FAVOR DE CUIDAR EL MEDIO AMBIENTE,
LA CANTIDAD DE RECURSOS NATURALES
UTILIZADOS INNECESARIAMENTE.

Una vez has determinado que de verdad necesitas el producto, el **SEGUNDO PASO** consiste en preguntarte cuánto tiempo lo vas a utilizar. No es lo mismo comprar, por ejemplo, un anorak —que probablemente te abrigue durante varios años— que un disfraz, que lo más seguro es que no utilices más de una o dos veces. Si, como en el caso del anorak, vas a necesitar el producto durante un gran período, asegúrate de que tenga una vida útil larga. Es mejor hacerse con una prenda de buena calidad que tener que tirarla y comprar otra parecida a los pocos meses. Por el contrario, si tu situación se aproxima más a la del disfraz, la opción más aceptable es tratar de alargar su vida útil. Esto lo puedes hacer asegurándote de que, por lo menos, no seas tú la única persona que lo utilice:

> ## TOMAR Y DEJAR PRESTADO, COMPRAR Y VENDER DE SEGUNDA MANO O DONAR SON EXCELENTES FORMAS DE ALARGAR EL TIEMPO DE USO DE CUALQUIER OBJETO Y CONTRIBUIR A CONTAMINAR MENOS.

Además, en los momentos de crisis económica en que vivimos, estas cuotas de solidaridad no vienen nada mal para que aquellos que necesitan productos que a ti ya no te resultan útiles les den una nueva vida, un nuevo uso. Esto puede aplicarse también a los plásticos si, en vez de un anorak hablamos de un casco para la bicicleta o, en lugar de un disfraz, de un juego de construcción.

EJEMPLO PRÁCTICO Y SENCILLO:

Los platos, cubiertos o vasos de un solo uso no se contemplan como una opción sostenible porque no cumplen ninguno de los tres requisitos a los que me he referido: a) son innecesarios —tenemos vajilla duradera , b) tienen una vida útil corta, c) no son reutilizables. Además, como comentábamos antes, no pueden reciclarse por no tratarse de envases.

También hay muchos otros objetos de la vida diaria que pueden ser sustituidos por otros más duraderos en todas las estancias de la casa.

1. EN LA COCINA

Hoy en día existen alternativas resistentes para casi todos los objetos de plástico empleados en el tratamiento y el almacenaje de comida.

Hasta que en los supermercados no reduzcan los embalajes de los alimentos, la mejor opción es comprar a granel. De este modo, te aseguras de dos cosas:

→ La primera, que no se utilizan envoltorios innecesarios.

→ La segunda, que te llevas solo lo que necesitas, por lo que reducirás tus desechos.

Normalmente, en las tiendas que venden a granel preparan el género en bolsas de papel. El papel y el cartón son más biodegradables que el plástico, pero, aun así, su producción implica una serie de recursos naturales cuyo gasto podríamos evitar si lleváramos nuestra propia bolsita de tela, lata de metal o tarro de cristal.

Una vez en casa, hay múltiples opciones para almacenar los alimentos. Lo más habitual siempre ha sido hacerlo en un plato con otro plato encima, pero si quieres ahorrar espacio, lo más cómodo siempre ha sido utilizar papel film. Afortunadamente, existen alternativas en forma de tapas de tela ajustable o de silicona elástica que pueden cumplir con la misma función durante mucho más tiempo. Además, fabricar en casa la cubierta de tela es una buena manera de darle un nuevo uso a camisetas viejas que, de otro modo, acabarían en la basura.

Del mismo modo, hay disponibles láminas de silicona que sustituyen al papel encerado para el horno; moldes de silicona reutilizables para galletas, bizcochos y magdalenas; bolsas para congelar hechas de silicona... En definitiva, la versatilidad de este material hace que la reducción de los residuos, sobre todo de plástico, sea mucho más asequible de lo que en principio podríamos pensar.

2. EN EL CUARTO DE BAÑO

El cuarto de baño puede ser uno de los puntos más conflictivos de la casa a la hora de empezar una vida con residuos cero.

Esto se debe principalmente a que muchos de los objetos que encontramos allí están destinados al aseo personal y, por tanto, deben desecharse cada cierto tiempo: esponjas, cepillos de dientes, productos para la higiene menstrual, etc.

Esta cuestión puede atajarse con distintas soluciones. La primera de ellas, como siempre, es sopesar si realmente necesitas, por ejemplo, la ESPONJA. Habrá a quien le guste su tacto o que con ella el gel haga más espuma. Te animo a que pruebes a enjabonarte con las manos y a que descubras si te agrada o no. Así podrías plantearte eliminarla de tu lista de la compra cuando la que utilices ahora esté muy gastada. Si no, hay esponjas que, en vez de plástico, se fabrican a partir de fibras vegetales como la luffa o el coco.

Del mismo modo hay CEPILLOS DE DIENTES elaborados a partir de madera de cocotero que, aunque siguen teniendo que cambiarse cada ciertos meses, tienen un impacto medioambiental menor que los de plástico.

También existen alternativas en metal al plástico del baño. Para aquellas personas que no necesitan afeitarse o rasurarse a menudo, es habitual comprar en el supermercado bolsas de diez cuchillas desechables por un precio muy bajo. De nuevo, al no tratarse de envases, este plástico no se puede reciclar. El servicio que te hayan hecho no compensa todo el tiempo que estas cuchillas pasarán en el vertedero.

Como alternativa, existen MAQUINILLAS DE AFEITAR como las antiguas, hechas en acero inoxidable y con una durabilidad de varios años. El único desecho que generan es la hoja de metal, que debe cambiarse cuando deje de estar afilada.

En cuanto a los productos de higiene íntima, los TAMPONES, COMPRESAS y SALVASLIPS, no solo contaminan durante su elaboración, sino también tras su uso. Los tampones vienen con un aplicador de plástico o de cartón y, si no, envueltos en plástico. Las compresas, además de celulosa, suelen tener varias capas de polietileno que evita que la sangre pase a la ropa interior, al igual que los salvaslips. Por suerte, hoy existen sustitutivos que, en vez de unas horas, pueden utilizarse durante varios años. Tal es el caso de las compresas reutilizables o de la copa menstrual hecha de silicona médica.

Estos productos se pueden reutilizar en cada ciclo menstrual y, una vez acabado el sangrado, se lavan y desinfectan para guardarlos hasta el mes siguiente. Frente a las desechables, las compresas reutilizables y la copa menstrual tienen una vida útil de cinco y diez años, respectivamente. Esto significa el ahorro de entre 960 y 1.920 tampones o compresas de un solo uso —teniendo en cuenta que se usan una media de dieciséis en cada uno de los doce ciclos menstruales de un año—. Si esto se extendiera a una vida fértil media de cuarenta años, estaríamos evitando que el planeta lidiase con la producción y el desecho de 7.680 objetos de este tipo por persona.

Para finalizar con las buenas prácticas en lo relativo a los productos de higiene, el segundo motivo por el que en el aseo puede parecer complicado aplicar el residuo cero es que se trata una estancia dedicada, además, al cuidado de la imagen personal. Por ello, es probable que tus cajones y baldas estén plagados de botes y botes de CHAMPÚ que ofrecen cada uno un milagro diferente para tu pelo; CREMAS específicas para cada parte del cuerpo y cada momento del día; EXFOLIANTES, MAQUILLAJE y un sinfín de cosas más que ocupan tu espacio y aumentan el volumen de tu bolsa de la basura.

Sobre todo, en entornos rurales, aún quedan casas en las que se fabrican pastillas de jabón a partir de aceite de cocina y sosa cáustica que no necesitan más recipiente que un cuenco en el que dejarlas al lado de la ducha. Tú también puedes hacerlas, y añadirles aceites esenciales de frutas que les den un perfume agradable.

Desafortunadamente, no son muchas las personas que tienen tiempo suficiente para dedicarle a esta tarea. Por esta razón, hay numerosas tiendas que ofrecen GELES, CHAMPÚS y ACONDICIONADORES SÓLIDOS que resuelvan dos de tus peticiones: un cuidado adecuado para tu piel o cabello y la reducción de plásticos en tu día a día. Además, otra de las ventajas que tienen estos establecimientos es que suelen rechazar la investigación cosmética sobre animales.

En cuanto al MAQUILLAJE, la solución depende de los productos que emplees. Si sueles utilizar máscara de pestañas o delineador de ojos, te recomiendo que utilices el khol, el pigmento que se utilizaba en el Antiguo Egipcio y que todavía se usa hoy en varios países orientales para pintarse los ojos. El khol suele venir en tarritos de cristal, por lo que estarás reduciendo el plástico de dos artículos distintos.

Como alternativa al colorete, puedes usar cacao en polvo comprado a granel, cuyo restante puede emplearse para repostería. Si añades una pequeña cantidad de aceite de coco o vaselina, conseguirás un sutil color marrón para los labios.

Para cerrar el proceso, a la hora de desmaquillarte, te recomiendo que utilices aceite de oliva que, además de limpiar la piel, la hidrata.

En cuanto a los RECIPIENTES y UTENSILIOS empleados, en el cuarto de baño la situación no varía demasiado respecto de la cocina. Como recipientes, puedes seguir utilizando tarritos de cristal o incluso botes de plástico que reutilices de productos que ya hayas gastado. Del mismo modo que existen espátulas de madera, puedes encontrar brochas, peines y cepillos de este material.

Quiero recuperar la idea de que la disponibilidad de estos productos no implica que tengas que tirar todo tu inventario del baño y comprarlos, sino que conviene que los valores como opción frente al plástico la próxima vez que tengas que adquirirlos.

PARA REDUCIR EL CONSUMO DE PLÁSTICO EN EL RESTO DE ESTANCIAS DE LA CASA, MI CONSEJO ES SIEMPRE VOLVER A LA PREGUNTA: «¿ME HACE FALTA?». UN ADORNO O UNA CAJA NUEVA DE ROTULADORES NO SIEMPRE SON NECESARIOS Y, EN CASO DE SERLO, EL PRIMERO PUEDE SUSTITUIRSE POR UNO HECHO A MANO CON RETALES, CINTAS Y UN SINFÍN DE MATERIALES REUTILIZADOS Y EL SEGUNDO, POR UN PACK DE RECAMBIOS. ESTOS SON SOLO DOS EJEMPLOS DE LOS MUCHOS QUE SE PUEDEN ENCONTRAR EN EL HOGAR.

Cada cual en su casa elige la procedencia de aquello que consume y se decanta por alguna de las diversas posibilidades que se le ofrecen. De hecho, para los casos expuestos siempre ha habido una alternativa más respetuosa con el medio ambiente.

Sin embargo, al abandonar el ámbito doméstico y dirigirte a un restaurante o un hotel, muchas veces parecerá que no tienes la opción de escoger entre un plástico de vida útil limitada y otra versión más respetuosa con el medio ambiente.

De nuevo te relato una experiencia personal que, quizá, te pueda ayudar a entender mejor lo que quiero transmitirte.

En uno de los descansos de la Cumbre Juvenil sobre el Clima (Youth Climate Summit) de las Naciones Unidas, fuimos a comer en un autoservicio. Allí no suelen tener bandejas, sino que ponen a disposición de los clientes una especie de cajitas que, en ese local, solo eran de plástico. Aunque parecía que no tuviéramos posibilidad de elección, decidimos preguntar a los responsables de la tienda si tenían algo similar hecho de cartón y nos dijeron que sí. Al parecer, se les había pasado por alto que los recipientes de cartón del expositor se habían acabado y no tardaron en sacar más. Lo más probable es que, si vuelvo a visitar un establecimiento similar, me ocuparé de llevar un tarro o una fiambrera para que ni siquiera tenga que gastarse ese papel, pero, en este caso, la opción frente al plástico existía y no había más que preguntar por ella.

Como ves, a veces hay que evitar dar las cosas por sentadas y buscar alternativas a lo que se nos ofrece en primera instancia, tanto en casa como fuera de ella.

AHORA QUE SABES UN POCO MÁS SOBRE LA VIDA CON RESIDUOS CERO Y LA REDUCCIÓN DEL CONSUMO DE PLÁSTICO, TE ANIMO A QUE ANALICES LA CANTIDAD QUE CONSUMES DE ESTE MATERIAL Y A QUE PONGAS TU CREATIVIDAD AL SERVICIO DE IDEAR NUEVAS FORMAS Y HÁBITOS DE VIDA CON LOS QUE PODER REDUCIRLO.

RESIDUO CERO Y LOS ALIMENTOS

Es cierto que, de todos los componentes de nuestra basura, quizá el más dañino sea el plástico. No obstante, gran parte de los restos en nuestro hogar son de comida. Los alimentos son biodegradables (en el sentido de que son materia orgánica). Por ello, su desperdicio no suele preocuparnos demasiado más allá de la injusticia social que supone que haya personas pasando hambre mientras otras tiran comida.

> Pero el desperdicio de alimentos, además de una problemática social, implica una pérdida de recursos naturales que al planeta no le sobran.

De hecho, cada año, el Earth Overshoot Day —es decir, el día en que se consumen todos los recursos que nuestro planeta puede regenerar en un año— llega antes. Si en 1990, este día era el 7 de diciembre, en 2019 agotamos los bienes que la Tierra podía producir en doce meses el 29 de julio. Por otra parte, se estima que, a nivel mundial un tercio de los alimentos destinados al consumo humano se desperdician: 1.400 millones de hectáreas y cantidades ingentes de agua (potable en caso de que se emplee para criar ganado) destinadas a cultivar y producir alimentos que luego no son consumidos. Este derroche no siempre es culpa del ciudadano.

Muchas veces la fruta o la verdura no llega al mercado pese a cumplir todas las condiciones de seguridad alimentaria simplemente por su aspecto físico; toneladas y toneladas de frutas, hortalizas y legumbres que se descartan y nunca llegan a comercializarse porque no tienen un aspecto agradable.

Para atajar esta situación, los individuos podemos hacer la compra en verdulerías y fruterías locales en vez de ir a las grandes superficies.

Sin embargo, paralelamente a la responsabilidad de las corporaciones agrícolas y ganaderas, está el papel del particular. En los países con economías menos desarrolladas, se tiran a la basura entre 6 y 11 kilos de comida por persona y por año; en los países de la Unión Europea, la cifra está en torno a los 95 o 115 kilos.

ENTONCES, ¿QUÉ PUEDO HACER?

Para evitar este despilfarro, puedes aplicar los mismos pasos que te he sugerido en el caso del plástico:

En primer lugar, pregúntate si vas a necesitar los 5 kilos de naranjas o calabacines que venden tan baratos. Muchas veces nos dejamos llevar por las ofertas y compramos más de lo que vamos a poder comer antes de que se ponga malo. Para evitar sorpresas, quizá te puede ayudar hacer la lista de la compra y seguirla; tener escrito lo que te hace falta ayuda a evitar muchas de las compras que hacemos en el último minuto por impulso. Aun así, a veces aparecen estas promociones cuando no las esperamos y suelen conllevar un gran ahorro, así que, si quieres aprovecharlas, tienes varias opciones:

➡️ **Dependiendo de tu situación de vida (si eres estudiante, si ya tienes familia...) puedes ponerte de acuerdo con alguien conocido y hacer la compra compartida, de modo que ambos disfrutéis el descuento y, a la vez, desperdiciéis menos comida.**

➡️ Si no encuentras a nadie con quien poder coordinarte, valora si puedes alargar la vida útil de aquello que compres y no creas poder comer a tiempo. Consérvalo de alguna forma, ya sea en un almíbar casero si es fruta, en salazón o escabeche si se trata de pescado o troceándolo y guardándolo en el congelador si es verdura, carne, pescado o pan.

➡ Siempre que puedas, es buena opción comprar en tiendas que vendan a granel, donde realmente te puedes asegurar de que vas a comprar aquello que necesitas para la ración que piensas preparar y, de paso, evitar los varios embalajes innecesarios que suelen traer los productos del supermercado.

Cuando comas fuera de casa, trata de ser responsable con lo que tomas. Si lo haces en la universidad o en el trabajo, lo mejor siempre es que te prepare la comida quien mejor sabe lo que te gusta y el tamaño de tus porciones: tú mismo. En la cafetería, quizá te sobre parte de la ración o, retomando la temática anterior, el aliño venga en sobres de plástico.

En los bufés, la situación se complica algo más: creemos que nos va a caber en el estómago todo lo que nos entra por los ojos y, la mayoría de las veces, acaba sobrando mucha comida en el plato. Es preferible llenarlo varias veces de acuerdo con el hambre que vayamos teniendo antes que condenar a la basura todo lo que nos sobre por haber sido poco conscientes a la hora de servirnos la comida. Además, si conoces cómo eres y sabes que esto te puede pasar, puedes llevar un recipiente reutilizable en el que guardar la comida que te sobre.

Cuando estés en casa, te pido que evites hacer lo que se hace en el proceso que traslada la fruta de la plantación a la frutería: descartarla. Porque el tomate tenga una pequeña parte con un aspecto algo malo o porque al pimiento le haya salido un poco de moho no significa que ya tengamos que tirarlo. Simplemente corta esa parte fea y disfruta del resto. Esto se puede hacer con fruta y verdura o con algún queso, pero, desde luego, no puede aplicarse a la carne y al pescado. Con ellos, los mejores métodos de conservación son la cocción y la congelación, no necesariamente en ese orden.

Por último, para evitar el desperdicio de comida, plantéate que puedas reutilizar los alimentos.

Aunque parezca extraño, los alimentos se pueden reciclar en el sentido de que los puedes comer, solo que no de la forma que tenías pensada cuando los compraste. Te presento dos ejemplos:

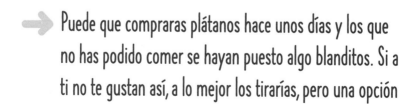 Puede que compraras plátanos hace unos días y los que no has podido comer se hayan puesto algo blanditos. Si a ti no te gustan así, a lo mejor los tirarías, pero una opción

residuo cero sería utilizarlos en una receta de repostería (magdalenas de chocolate y plátano, por ejemplo).

→ Te puede ocurrir lo mismo con unos tomates para ensalada si ya no están tan tersos como cuando los trajiste a casa. En lugar de tirarlos, prueba a freírlos con cebolla y a combinar la salsa resultante con unos espaguetis o a mezclarlos con calabacín, pimiento, cebolla y ajo para hacer pisto casero.

Como estos hay otros muchos ejemplos que seguro que con frecuencia surgen en tu cocina.

TE ANIMO A QUE CREES TUS PROPIAS RECETAS Y APROVECHES LOS ALIMENTOS QUE DE OTRO MODO TIRARÍAS. ADEMÁS DE SER MÁS SOSTENIBLE Y SALUDABLE, PODRÁS DESARROLLAR TU CREATIVIDAD CULINARIA.

Otra forma de reciclar alimentos puede ser utilizarlos para elaborar tus propios cosméticos. A lo mejor se te ha caído algo de azúcar por la mesa haciendo esas magdalenas de chocolate y plátano que nombrábamos hace un momento y ya no quieres echarlo a la masa. En vez de tirarlo, puedes combinarlo con un poco de miel y limón y utilizar la mezcla como exfoliante para la cara y los labios. Con los posos del café y aceite también consigues un exfoliante; esta vez, para el cuerpo.

Con estas dos ideas no solo reduces la cantidad de comida que se tira, sino también el plástico que consumirías si compraras estos productos en una tienda.

Como ves, el residuo cero es un movimiento transversal que busca el cambio de hábitos —sobre todo de consumo, pero también nuestra forma de relacionarnos con lo que compramos— para disminuir el impacto que tienen nuestras actividades cotidianas sobre el medio ambiente.

> NO SE TRATA SOLO DE REDUCIR PLÁSTICO, SINO TAMBIÉN DE NO DESPERDICIAR ALIMENTOS, DE DARLE UNA NUEVA VIDA A NUESTRAS PRENDAS DE VESTIR...

Por supuesto, cada persona y sus circunstancias son diferentes y puede que alguien que tenga dos empleos y varias personas a su cargo no pueda dedicarse una tarde de domingo a hacer sus propios jabones y cosméticos tranquilamente, pero quizá sí pueda hacer un pequeño esfuerzo para organizar la compra mensual o semanal y cocinar platos de aprovechamiento para evitar el desperdicio de comida.

Con esto quiero decir que, una vez que conoces la filosofía y los métodos que tienes a tu disposición para aplicarla, eres tú quien decide cómo adaptar el residuo cero a tu forma de vida.

En definitiva, se trata de transmitirte la idea de que con nuestra pequeña aportación impregnada de la filosofía residuo cero no solo podemos reducir el consumo de recursos escasos o los desechos no reciclables, sino que también concienciamos a los fabricantes y a los gobernantes de que la conservación del medio ambiente es un tema de todo el mundo y que es preciso adoptar acciones y medidas coherentes con el objetivo de dejar a las generaciones venideras un planeta habitable.

A modo de resumen, te propongo el siguiente protocolo de actuación:

> **Antes de comprar, piensa: «¿Realmente lo necesito? ¿Existen otras opciones más sostenibles y saludables, menos contaminantes?».**

➡ Antes de aceptar regalos y promociones, reflexiona: «¿Me sirven para algo? ¿Puedo compartirlos? ¿Puedo reutilizarlos o darles un mejor uso? ¿Pueden serle útiles a alguien que conozca de mi entorno cercano?».

➡ Antes de tirar comida, detente: «¿No se puede reelaborar? ¿Puedo incluso ser creativo cocinándola de otra forma o conservándola para que me dure más tiempo? ¿Puede tener algún otro uso alternativo (cosmético, por ejemplo)?».

EN DEFINITIVA,
PIENSO, ADQUIERO, UTILIZO,
REUTILIZO, COMPARTO, INTERCAMBIO,
DONO Y, FINALMENTE,

RECICLO.

Deja de usar COSAS DESECHABLES

¡NO TIENEN SENTIDO! SON UNA FUENTE CONSTANTE DE BASURA Y CONTAMINACIÓN, Y SON UN DESPERDICIO DE RECURSOS, SEAN DEL MATERIAL QUE SEAN. ¡OLVÍDATE DE ELLOS! REEMPLÁZALOS CON OPCIONES REUTILIZABLES. SON MEJORES PARA TI Y PARA EL PLANETA.

6

MARIANA MATIJA

MANIFIESTO POR VER CÓMO TODO SE CONECTA

¡Bájate DEL COCHE!

USA MÁS EL TRANSPORTE PÚBLICO, CAMINA MÁS Y MUÉVETE EN BICICLETA. EL COCHE PARTICULAR OCUPA MUCHO ESPACIO URBANO Y CONSUME MUCHOS RECURSOS PARA MOVER A MUY POCA GENTE. EL METRO, LOS BUSES, LA BICI, SON MANERAS MÁS SOLIDARIAS DE OCUPAR EL ESPACIO DE MOVILIDAD DE LAS CIUDADES. ¡ÚSALOS!

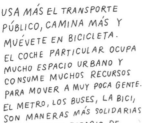
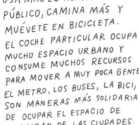

Deja de usar COSAS DESECHABLES

¡NO TIENEN SENTIDO! SON UNA FUENTE CONSTANTE DE BASURA Y CONTAMINACIÓN, Y SON UN DESPERDICIO DE RECURSOS, SEAN DEL MATERIAL QUE SEAN. ¡OLVÍDATE DE ELLOS! REEMPLÁZALOS CON OPCIONES REUTILIZABLES. SON MEJORES PARA TI Y PARA EL PLANETA.

Hazte cargo DE TUS RESIDUOS ORGÁNICOS

APROXIMADAMENTE EL 50% DE LO QUE LLEGA A LOS VERTEDEROS SON RESIDUOS ORGÁNICOS... ¡Y NO SON BASURA, SON RECURSOS! NO SOLO OCUPAN ESPACIO SINO QUE GENERAN METANO, UN POTENTE GAS DE EFECTO INVERNADERO. CLASIFICA TUS RESIDUOS ORGÁNICOS, CONSIGUE O IMPROVISA UNA COMPOSTERA... ¡Y EMPIEZA A VER LA MAGIA!

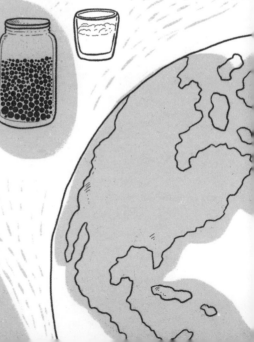

Aprende sobre el PLANETA

DEDICA AL MENOS UNA PARTE DE TU TIEMPO A APRENDER SOBRE LA TIERRA, SUS CICLOS Y LAS AMENAZAS QUE PONEN EN PELIGRO SU EQUILIBRIO. ES MÁS FÁCIL (¡Y ENTRETENIDO!) CUIDAR ALGO QUE SE CONOCE, Y EL PLANETA NECESITA PERSONAS INFORMADAS Y COMPROMETIDAS CON SU CUIDADO.

Deja a los ANIMALES FUERA DE tu plato

LA PRODUCCIÓN DE ALIMENTOS DE ORIGEN ANIMAL ES UNA DE LAS PRINCIPALES CAUSAS DE DEFORESTACIÓN Y EXTINCIÓN DE ESPECIES SILVESTRES, Y GENERA ENORMES CANTIDADES DE GASES DE EFECTO INVERNADERO. COMO SI ESO FUERA POCO, ES HORRIBLEMENTE CRUEL CON LOS ANIMALES. ¡COME MÁS PLANTAS! Y LLEVA A LOS ANIMALES EN TU CORAZÓN.

Actívate y COMPARTE TODO LO QUE aprendes

LOS PROCESOS INDIVIDUALES SON NECESARIOS. LOS PROCESOS COLECTIVOS SON IMPRESCINDIBLES. HABLA SOBRE ESTOS TEMAS, COMPARTE IDEAS, INQUIETUDES Y CUESTIONAMIENTOS, MOTIVA A OTRAS PERSONAS A SER PARTE DEL CAMBIO. CUANTAS MÁS PERSONAS NOS SUMEMOS, ¡MEJOR!

Este libro se terminó de imprimir
en Madrid en marzo de 2020.